FAMÍLIA   VIAGEM   GASTRONOMIA   MÚSICA   **CRIATIVIDADE**
& OUTRAS LOUCURAS

Para Oswald.

Não Leia Este Livro

Gestão do tempo para pessoas criativas

Donald Roos

© 2016 BIS Publishers e Donald Roos

Donald Roos has asserted his right under the Copyright, Designs and Patent Act 1988, to be indentified as the author of this Work.

Tradução © 2019 Editora Belas Letras Ltda.

Este livro foi publicado originalmente em inglês pela *BIS Publishers* sob o título *Don't Read This Book: Time Management for Creative People*.

Nenhuma parte desta publicação pode ser reproduzida, armazenada ou transmitida para fins comerciais sem a permissão do editor. Você não precisa pedir nenhuma autorização, no entanto, para compartilhar pequenos trechos ou reproduções das páginas nas suas redes sociais, para divulgar a capa, nem para contar para seus amigos como este livro é incrível (e como somos modestos).

Este livro é o resultado de um trabalho feito com muito amor, diversão e gente finice pelas seguintes pessoas:
Gustavo Guertler (edição), Fernanda Fedrizzi (coordenação editorial), Débora Reis Tavares (tradução), Germano Weirich (revisão), Samuri Prezzi (revisão) e Juliana Rech (adaptação da capa e do projeto gráfico)

Obrigado, amigos.

2019
Todos os direitos desta edição reservados à
Editora Belas Letras Ltda.
Rua Coronel Camisão, 167
CEP 95020-420 – Caxias do Sul – RS
www.belasletras.com.br

Dados Internacionais de Catalogação na Fonte (CIP)
Biblioteca Pública Municipal Dr. Demetrio Niederauer
Caxias do Sul, RS

R781n   Roos, Donald
            Não leia este livro : Gestão do tempo para pessoas criativas / Donald Roos ; tradutora: Débora Reis Tavares. - Caxias do Sul, RS : Belas Letras, 2019.
            160 p. : il.

            ISBN: 978-85-8174-486-5

            1. Criatividade. 2. Administração do tempo. I. Tavares, Débora Reis. II. Título.

19/26   CDU 658.531

Catalogação elaborada por
Vanessa Pinent, CRB-10/1297

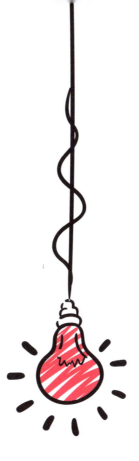

**Não conseguir ver tudo
pode ser uma coisa boa.**
— Martin Bril

Sumário

Por que pessoas criativas precisam gerenciar seu tempo

O método da Lista Do Que Não Fazer

Vida:
Planeje

Trabalho:
Crie uma rotina

Projetos:
Esqueça o supérfluo

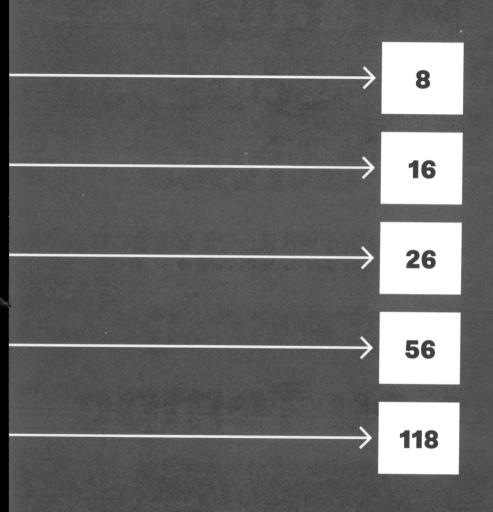

Por que Pessoas Criativas Precisam Gerenciar Seu Tempo

Um bom artista tem menos tempo do que ideias.
— Martin Kippenberger

CENTRO DE DESENVOLVIMENTO DE IDEIAS

Tenho certeza de que a execução é mais importante do que ter uma ideia. Esta é apenas a semente. Transformar isso em uma árvore que é difícil.
— Elon Musk

TEMPO DE EXECUÇÃO

Pessoas criativas sempre têm ideias. Por isso são chamadas criativas. Nós vemos o mundo com outros olhos. Somos inspirados e temos ideias continuamente. Em todos os lugares. Dia após dia: Bum! Uma nova ideia aparece! Não conseguimos evitar. E aí está o ponto crucial do nosso problema. Temos mais ideias do que tempo para executá-las.

Se você trabalha com ideias demais ao mesmo tempo, corre o risco de que todas elas sejam executadas pela metade. Ou até de chegar a um resultado que não agrada ninguém. Simplesmente não existe tempo suficiente para desenvolver todas as nossas ideias. Garanta que seu tempo seja bem gasto.

Para isso, saber gerenciar o tempo pode te ajudar. Talvez criatividade e gerenciamento do tempo pareçam contradições. No entanto, se você reparar nos grandes nomes do mundo criativo, irá perceber rapidamente que esses artistas e designers trabalham com rotinas fixas e métodos sofisticados. Eles conseguem fazer o que fazem justamente porque cuidam muito bem do seu tempo. O truque deles é o seguinte: fazem menos coisas diferentes no espaço de tempo que têm e deixam para trás qualquer coisa que não seja essencial. Eles se limitam pensando na base do trabalho que têm.

Não acredite nos gurus de produtividade

Pensar em termos de produtividade vem da época da Revolução Industrial. Quanto mais uma máquina funciona ao longo do dia, mais alta a sua produção. Ao deixar as máquinas mais rápidas, inteligentes e eficientes, a produtividade cresce exponencialmente.

Os gurus de produtividade veem as pessoas como um tipo de máquina: se trabalharem mais horas por dia, são mais produtivas. Mas pessoas não são máquinas. Pessoas não conseguem ser produtivas constantemente. Uma máquina pode ser ligada e continuar sempre funcionando. Humanos não funcionam dessa forma. Além disso, uma jornada de trabalho de 8 horas não é tão eficiente quanto parece: trabalhar por mais tempo não implica um trabalho mais efetivo.

A start-up Buffer também percebeu isso e decidiu não medir a produtividade em termos de tempo. Em vez disso, equipes e funcionários receberam objetivos claros e foram designados às áreas pelas quais seriam responsáveis. Essa estratégia também lhes permitiu remover uma parte cara na gestão da empresa. O lema deles é: "Como você faz cabe a você, o que importa é que seja feito".

Fazer ou não fazer: eis a questão

Com isso, para conseguir gerenciar bem o seu tempo não é preciso planejar tudo em um nível detalhado. Em vez disso, considere um objetivo mais amplo. Depois disso tome suas decisões baseado no seguinte: o que você vai fazer e o que não vai fazer?

Essas decisões podem ser difíceis de se tomar. Mas continue lendo e prometo: em breve vai ficar mais fácil.

De onde vêm as ideias?

A evolução das ideias

Tudo o que vemos à nossa volta – exceto a natureza – já foi alguma vez a ideia de alguém. Charles e Ray Eames podem ter projetado as cadeiras icônicas, mas a ideia de uma cadeira surgiu quando um ancestral antigo encontrou uma pedra e sentou-se nela. Cada invenção surge de ideias anteriores. Muitas vezes as ideias se mesclam perfeitamente de uma para a outra, como a ideia do Henry Ford de produzir carros em larga escala. Ele não inventou o carro. Nem inventou a linha de produção. Mas a ideia dele de combinar esses dois se tornou um marco na história da produção.

Tudo está conectado

O Google jamais existiria se Tim Berners-Lee não tivesse inventado a Rede Mundial de Computadores, que se tornou um método para ver a internet (que já estava funcionando) por meio de computadores particulares. A internet surgiu de uma rede de linhas de telefone de várias universidades. As linhas de telefone, por sua vez, surgiram de telégrafos.

Inovação é o acaso, então você não sabe o que as pessoas vão fazer.
— Tim Berners-Lee

Uma ideia cresce da outra, geralmente sem que a gente consiga antecipá-las. Isso ocorre pois as ideias não funcionam de maneira linear, e se juntam com as mais diversas voltas: algo que o filósofo Gilles Deleuze chama de rizoma. Um rizoma é uma raiz que cresce e se desenvolve em tudo. É simbólico para como conotações e ideias funcionam: você está parado em um cruzamento com um número aleatório de direções. Apenas em retrospectiva é possível saber para que serviram as escolhas que você fez.

O gerenciamento de tempo para pessoas criativas não é, portanto, um método de planejamento hora por hora, e sim um jeito de te ajudar a decidir qual rota deseja traçar, mesmo se o seu objetivo não estiver totalmente claro. Resumindo: você faz alguns testes rápidos para decidir qual rota é melhor pra você. Parece vago? Não se preocupe, voltarei nisso em um instante.

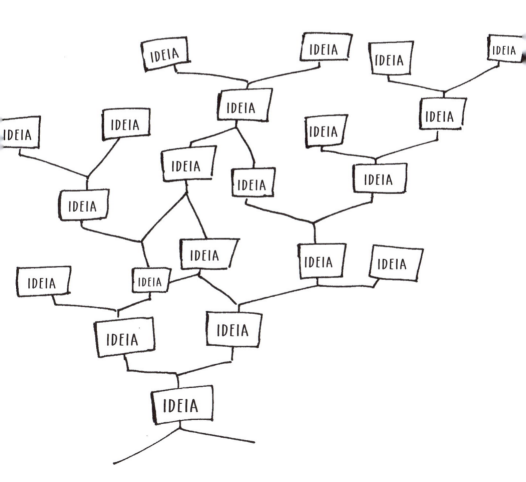

A Lista Do Que Fazer

Uma breve história da Lista Do Que Fazer

Quando ficou impossível pechinchar (nem todo mundo precisava de uma cabra), passaram a usar moedas. Mas uma urna repleta de moedas logo deixou de ser algo prático também. Foi assim que surgiram as primeiras listas: para que as pessoas não precisassem perder tempo contando moedas e as carregando por aí. Ou para acompanhar quem ainda tinha as moedas. Em última instância, foi assim que a escrita foi inventada.

A lista é a origem da cultura. Não importa onde você olhar na história cultural, encontrará listas.
- Umberto Eco

Organize suas ideias

As ideias sempre aparecem na nossa mente, de um jeito ou de outro. Geralmente andamos por aí com muitas ideias fervilhando na cabeça. Elas são agitadas como pernilongos. Todos aqueles fragmentos soltos ocupam um espaço incrível do cérebro, mais particularmente na parte conhecida como Cérebro Consciente – a parte que recebe informação, mas que também foca em atividades: a sua memória. Você também tem um Cérebro Inconsciente, que oferece muito espaço para armazenar ideias e informações de que não precisa imediatamente. É um tipo de disco rígido. Se você guardar suas ideias lá, irá reduzir convenientemente os pernilongos inquietos do seu Cérebro Consciente.

Como fazer isso acontecer? Escreva suas ideias. Uma vez que uma ideia ou item da lista é marcado, estamos livres para esquecê-lo, o que silencia o zumbido dos pernilongos na parte ativa do nosso cérebro. Essa parte do cérebro então se torna disponível para um uso mais focado. Para os leitores mais religiosos, até Deus fez uma lista de sete itens quando criou a Terra.

Assuntos inacabados

Claro que as listas não são perfeitas: elas se tornam infinitas. Você pode adicionar quantas tarefas quiser. Com isso sendo o maior perigo, as listas ficam tão longas que nada consegue ser cumprido e assim você nunca consegue eliminar nenhum item. Nesse caso, você acaba ficando preocupado em gerenciar muitas listas.

As suas listas irão em breve virar uma lista de frustrações – o efeito Zeigarnik. "Parece ser algo dos humanos terminar aquilo que começamos e, se não conseguimos, sentimos uma dissonância", escreveu o psicólogo russo Bluma Zeigarnik (1900-1988). Enquanto não completamos uma tarefa, continuamos a andar por aí com uma sensação de insatisfação. Além do mais, isso faz com que as tarefas pareçam tomar muito mais tempo e você sinta que está atrasado com tudo.

Como evitar esse efeito? Não use uma lista.

O Método da Lista Do Que Não Fazer

A Lista Do Que Não Fazer

Uma vez um psicólogo foi convidado ao Pentágono para fazer um workshop para generais sobre gerenciamento de tempo e recursos. No começo ele pediu ao grupo para todos escreverem em 25 palavras qual era a estratégia deles para gerenciar seu tempo e seus recursos.

Todos os generais fracassaram, exceto um: a única mulher general presente no evento. Essa mulher, que chegou ao topo de sua carreira com todas as condecorações e que lutou na Guerra do Iraque, elaborou a seguinte estratégia: "Primeiro eu faço uma lista de prioridades: um, dois, três e assim por diante. Depois eu risco tudo que estiver abaixo do três".

O que a general havia feito era ter transformado a Lista Do Que Fazer numa Lista Do Que Não Fazer. Ela colocou tudo o que tinha pra fazer em uma Lista Do Que Não Fazer e escolheu apenas três para cumprir. Isso deu a ela mais tempo para fazer melhor os três primeiros itens.

O método da Lista Do Que Não Fazer é baseado na ideia de que você não consegue fazer tudo, e também não precisa fazer tudo. Geralmente pensamos que pessoas ocupadas são bem-sucedidas. Para ser "bem-sucedido", você precisaria fazer o máximo de coisas possível. No entanto, aqueles que se propõem a fazer muitas coisas, no final das contas apenas conseguem um pouco de cada coisa. E isso sempre acaba sendo insuficiente.

É melhor escolher poucas coisas para fazer bem e deixar o resto para trás. Mesmo se forem ideias boas. Essa decisão pode lhe garantir um pouco de paz, pois seu cérebro vai parar de fornecer constantemente impulsos indicando que ainda há "tarefas inacabadas" para resolver. Qualquer sentimento de insatisfação vai desaparecer.

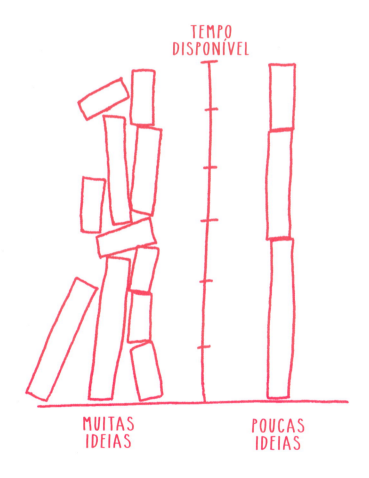

Usando o método da Lista Do Que Não Fazer

Níveis diferentes

O que são os itens do que fazer, exatamente? São pequenas partes de componentes de uma tarefa mais abrangente. Essa tarefa pode vir de várias partes de sua vida: família, parentes, amigos, hobbies, trabalho, pesquisa, feriados, etc. (Para os criativos, os hobbies, trabalho e vida privada sempre se misturam). Essas partes também podem ser subdivididas em vários componentes, ramificando-se constantemente – bem parecido com uma árvore enorme.

É relativamente simples subdividir seu trabalho em vários componentes. Você terá muitos projetos e eles, por sua vez, consistem em várias tarefas. E essas tarefas geralmente envolvem itens a serem feitos. Esses itens geralmente são o verdadeiro trabalho. Se você não completá-los, não irá terminar seu projeto.

Como adicionar itens à Lista Do Que Não Fazer

Quanto mais itens a fazer, mais você precisa trabalhar, assim como é maior o risco de você não tirá-los da sua lista. Por isso, é importante limitar o número de itens a fazer o máximo possível.

Avalie quais itens são realmente necessários para terminar seu projeto. Elimine tudo o que aparecer depois do terceiro item – tudo isso vai para a sua Lista Do Que Não Fazer. Esses são itens que você não vai fazer agora – e que portanto não precisam da sua atenção imediata.

Você também pode tomar decisões mais extremas e colocar todo o projeto na Lista Do Que Não Fazer – incluindo todos os itens a fazer que pertencem a ele. E já que você está nesse ritmo, pode até mesmo decidir mover parte da sua vida profissional de onde tal projeto surgiu para a Lista Do Que Não Fazer. Claro, pode ser uma pena, mas você terá mais tempo para focar nas coisas que irá fazer.

ÁRVORE DO QUE FAZER

PODANDO A ÁRVORE DO QUE FAZER

ÁRVORE DO QUE FAZER PODADA

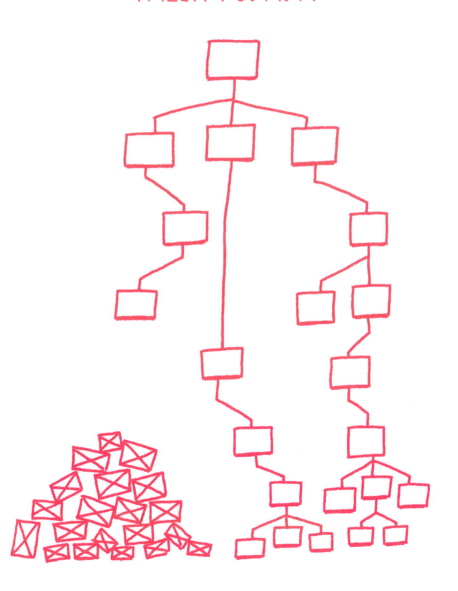

Se você examinar esse processo de outra perspectiva, chegará em decisões que podem realmente impactar a sua vida. Você vai continuar estudando ou não? Vai continuar sendo funcionário ou será um freelancer? E, como consequência, será que você terá tempo para tocar com a sua banda? Não ter mais que tocar em uma banda também significa que você não precisa mais ensaiar e compor músicas. Isso pode ser uma pena, mas você terá mais tempo para fazer outras coisas.

Ao fazer escolhas, você aprende muito sobre quem é. Ao se limitar a fazer três coisas, você irá automaticamente ter uma ideia mais clara do que considera ou não importante. Isso serve para decisões importantes e outras menores, em termos de projeto.

Escolher é difícil, especialmente se você tem muitos talentos. Por isso, mergulharemos a fundo no método da Lista Do Que Não Fazer nos capítulos seguintes. Trabalharemos com o conceito abstrato de Vida, passando pelo conceito mais concreto de Trabalho, rumo à prática de fazer Projetos.

A inteligência é um presente, a gentileza é uma escolha. Presentes são simples – afinal eles nos são dados. Escolhas podem ser difíceis.
— Jeff Bezos

O aplicativo da Lista Do Que Não Fazer

A Lista Do Que Não Fazer não é apenas um método; também é um aplicativo que te ajuda a fazer escolhas. Você pode encontrar o aplicativo ToDon'tList na App Store – ele está disponível para Android também. Eu desenvolvi esse aplicativo junto com um amigo programador de acordo com os princípios do método da Lista Do Que Não Fazer. Indiretamente, o desenvolvimento desse aplicativo levou à escrita deste livro.

O aplicativo funciona assim: você possui três listas – uma de Coisas Para Fazer, uma de Coisas Feitas e uma Do Que Não Fazer. Você pode colocar apenas três itens na sua lista de Coisas Para Fazer. O resto dos seus itens irá automaticamente para a sua Lista Do Que Não Fazer. Ao terminar uma tarefa, esse item irá para sua lista de Coisas Feitas (dando uma sensação de dever cumprido). Isso lhe dará espaço para um novo item na lista de Coisas Para Fazer, que será adicionada a partir da sua Lista Do Que Não Fazer.

As tarefas restantes da sua Lista Do Que Não Fazer desaparecerão automaticamente depois de três meses, sem nenhuma notificação. Afinal de contas, se elas fossem importantes o suficiente, você as teria cumprido antes desse prazo.

Vida:
Planeje

Aprender como pensar significa aprender realmente como exercer algum controle sobre como e o que você pensa. Significa ser consciente e atento o bastante para escolher no que prestar atenção e como construir significados a partir de experiências. Pois, se você não exercitar esse tipo de escolha na vida adulta, pode levar um banho de água fria.

— David Foster Wallace

Escolha uma direção, determine uma meta

O experimento do táxi

Certo, começaremos com um experimento de pensamento. Você entra em um táxi...

→ **Experimento do Táxi 1**

Você entra em um táxi e não fala ao motorista aonde quer ir. O que acontece?

Duas coisas podem acontecer. Ou você permanece onde está, ou o motorista do táxi fica dirigindo pela cidade a noite toda. De vez em quando ele irá parar e perguntar: "Talvez você queira ficar aqui?". Mas você não pode determinar isso. Como poderia? Você não tem orientações para basear uma decisão como essa.

→ **Experimento do Táxi 2**

Mais uma vez, você entra em um táxi. Você dá um endereço exato ao motorista, de acordo com uma rota que você determinou anteriormente. A questão que você pode se perguntar é: "O que essa viagem me proporcionou?". Se você determinar tudo com antecedência, não há espaço para novas experiências ou ideias novas.

→ Experimento do Táxi 3

Você entra no táxi de novo. Dessa vez, você irá explicar algumas informações ao motorista. Como por exemplo: "Gostaria de ir para a região leste da cidade, em um bar que servem refeições boas todos os dias e onde dê para dançar". O que acontece?

Você chegará em um lugar onde gostaria de estar de verdade, mas que não tinha planejado com antecedência.

Conclusão: é bom saber a direção para onde você quer ir, pois caso contrário você nunca chegaria a lugar nenhum. Mas não determine seu objetivo de maneira tão rígida – deixe um espaço para novas experiências e ideias novas. Certifique-se de que você tem um objetivo, mas mantenha a mente aberta com relação ao caminho.

Você deve ter uma ideia do que irá fazer, mas deve ser uma ideia vaga.
— Pablo Picasso

DETERMINE SEU OBJETIVO

OBJETIVO MUITO VAGO,
SEM FOCO

OBJETIVO MUITO RESTRITO,
MUITO FOCO

OBJETIVO COM
OPORTUNIDADES,
FOCO BALANCEADO

Faça o que seu coração mandar

> **Se você sempre fizer o que lhe interessa, ao menos alguém ficou feliz.**
> - Katharine Hepburn

Se arrependa do que você não fez

Muitas pesquisas foram conduzidas sobre o arrependimento das pessoas no fim da vida. O resultado é que as pessoas se arrependem especialmente de coisas que não fizeram. Uma pesquisa americana até descobriu que 70% da população de trabalhadores dos Estados Unidos – que são mais de 108 milhões de pessoas – acordam todos os dias sem um sentimento de paixão sobre qualquer aspecto do trabalho que fazem. Você não quer ser um deles, certo?

O método da Lista Do Que Não Fazer tem tudo a ver com escolhas: permite que você faça o que realmente quer. Assim não irá se arrepender do que não fez. Saber o que você quer é talvez uma das coisas mais difíceis, mas também uma das mais importantes da vida.

> **Nunca é tarde demais para ser o que poderia ter sido.**
> - George Eliot

A linda história de Barbara Beskind

Quando criança, Barbara Beskind já sabia que queria ser uma inventora. Aos seus respeitáveis 91 anos, seu sonho se realizou e agora ela tem o emprego dos sonhos na IDEO, em São Francisco, a empresa que desenvolveu o primeiro mouse da Apple.

Barbara Beskind cresceu na época da Grande Depressão. Seu primeiro design foi um cavalo feito de pedras. "Bem, na Depressão, se você não pode comprar brinquedos, você os faz. Eu estava determinada a ter um, então usei pneus velhos. Aprendi muito sobre a gravidade, pois eu caía muitas vezes." Mais tarde, ela queria cursar Engenharia. A inscrição dela foi rejeitada por ser mulher e então ela decidiu estudar Economia Doméstica. Depois, se alistou no exército e trabalhou lá como terapeuta ocupacional por 44 anos.

Tudo mudou quando ela assistiu a um episódio do programa *60 Minutos* em 2013. O episódio falava sobre David Kelley, o fundador da IDEO. Na entrevista ele contava como a IDEO sempre buscava diversidade nas pessoas, que poderiam inspirar uns aos outros. Beskind decidiu se inscrever para uma vaga em aberto. Ela trabalhou na carta de candidatura para a vaga por dois meses – assim, incidentalmente, ela conseguiu reduzir de nove páginas para uma. Em uma idade mais avançada, conseguiu o seu emprego dos sonhos.

> **Não importa o quão devagar seja o seu ritmo, contanto que você não pare.**
> - Confúcio

Idade não é uma barreira

A história de Barbara Beskind demonstra que nunca somos velhos demais para começar a fazer o que realmente queremos. Em vez de se arrepender por nunca ter sido uma inventora, Barbara foi além e realizou seu sonho, no final das contas. Ela nunca perdeu de vista o seu objetivo. Existem muitos exemplos de pessoas que não alcançaram seu objetivo até mais tarde na vida. Harrison Ford foi um carpinteiro até os 30 anos. Ang Lee ficou desempregado até os 31 anos e J.K. Rowling era uma mãe solteira vivendo de assistência social até essa mesma idade. Então, não perca de vista o seu objetivo, não importa a idade que tenha.

> **Não sou um produto das circunstâncias. Sou um produto das minhas decisões.**
> - Stephen Covey

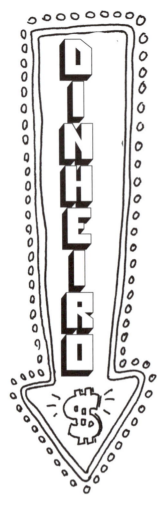

Um negócio que não gera nada além de dinheiro é um negócio pobre.
— Henry Ford

Não siga o dinheiro

As pessoas se permitem regularmente ser levadas pelo dinheiro. Geralmente o dinheiro é a desculpa para não fazerem o que realmente querem. Mas o dinheiro é um meio, não um fim em si mesmo. Se você realmente quiser fazer o que ama, o dinheiro nunca pode ser uma desculpa para não fazê-lo. Também não pode ser uma desculpa para fazer algo. Muitas vezes eu trabalhei em projetos com a ideia de que "posso ganhar bastante dinheiro com isso". Virtualmente, todos esses projetos acabam não indo muito longe, pois não existe uma alma neles – o objetivo primário era gerar dinheiro. Siga seu coração, não o dinheiro.

Como saber o que você quer
(o que você realmente quer)

O experimento do táxi nos ensina que, se não tiver ideia de onde quer ir, você acabará em algum lugar em que nem mesmo sabe se é onde gostaria de estar. É preciso reconhecer que saber para onde você quer ir – aproximadamente – não é fácil. Você precisa ousar ser honesto consigo mesmo para saber o que realmente quer.

> **Não se limite. Muitas pessoas se limitaram para o que achavam que podiam fazer. Você pode ir até onde sua mente o levar. O que você acredita, lembre-se, você consegue alcançar.**
> — Mary Kay Ash

Faça a seguinte pergunta a si mesmo: "O que eu gostaria muito de fazer em qualquer dia?". Não esqueça a resposta para essa pergunta enquanto fizer o exercício a seguir:

- → Faça uma lista do que realmente gostaria de fazer.
- → Reveja a lista e seja honesto. Quais atividades você adicionou pensando "isso me daria muito dinheiro"? Tire essas opções e substitua por atividades que você não ousou escrever ainda, por causa da voz na sua cabeça que diz "eu jamais poderia fazer isso". Não escute esta voz. Adicione o que quiser na lista. Incluindo coisas que, num primeiro momento, parecem não ter nada a ver com trabalho. Apenas escreva algo que te empolgue.
- → Pegue sua lista e escolha as 3 coisas que você mais gostaria de fazer.

Há uma chance da sua lista surpreendê-lo. Ela provavelmente contém itens que você não responderia se alguém perguntasse a respeito de seus objetivos. Não tem problema. Pense um pouco sobre isso.

Lista de coisas que você realmente gostaria de fazer

As 3 coisas que você mais gostaria de fazer

1

2

3

LISTA DO QUE FAZER

No que você é melhor/pior?

Pessoas criativas geralmente gostam de muitas coisas diferentes e costumam fazer todas muito bem. Mas se você continuar fazendo tudo isso, será em um nível razoável. Você nunca irá se sobressair em nenhuma delas.

Qual é o seu Círculo de Competências?
É importante saber no que você é bom e no que não é. Warren Buffet chama isso de Círculo de Competências. Tudo que estiver dentro do círculo são as atividades nas quais você é bom. Se você for bom em algo de que realmente goste, pode se sobressair.

Como é o seu Círculo de Competências?

→ Desenhe um círculo. Dentro dele escreva todas as coisas em que você é bom (habilidades, aspectos positivos da sua personalidade, hobbies). Escreva tudo aquilo em que você não for bom fora do círculo.
→ Agora tire todos os itens em que você é razoavelmente bom e aqueles em que não é exatamente um desastre. Em outras palavras, tire aqueles em que você não é nem bom nem ruim. Continue fazendo isso até chegar em no máximo 3 itens dentro do círculo, demonstrando em que você realmente é bom, e não mais do que 3 itens fora do círculo, indicando o que você é terrivelmente ruim em fazer.
→ Agora você chegou no Círculo de Competências.

Foque naquilo em que você é bom

Se você fez o exercício honestamente, agora terá uma visão geral de onde estão seus pontos fortes. Foque neles. É muito mais fácil melhorar aquilo em que você já é bom do que algo que você não faz muito bem.

> **Talentos escondidos não trazem reputação.**
> - Desiderius Erasmus

Saiba as qualidades do seu "Lado Negro"

A lista dos itens nos quais você não é bom não é descartável. Apesar de fraquezas não serem algo que você queira sair divulgando por aí, elas podem ser úteis para você. O que aconteceria se você começasse a ver essas fraquezas como qualidades? É preciso reconhecer que são qualidades do seu "Lado Negro", mas mesmo assim: são algumas coisas nas quais você é bom, de um certo ponto de vista. Basta você saber como aplicá-las de um jeito positivo.

Por exemplo, eu sou bem impaciente. Eu não fico tentando ser mais paciente (não adianta nada), mas uso minha tendência de ser impaciente como uma vantagem para mim e para os outros. Por exemplo, minha impaciência é boa para ligar para serviços de atendimento mais burocráticos. Eu não desligo enquanto não conseguir o que quero. Então, algumas vezes você pode usar suas qualidades negativas para conseguir bons resultados. Por favor, note que não estou dizendo que está tudo bem em agir como um cretino.

RUIM > NORMAL > BOM > EXCELENTE

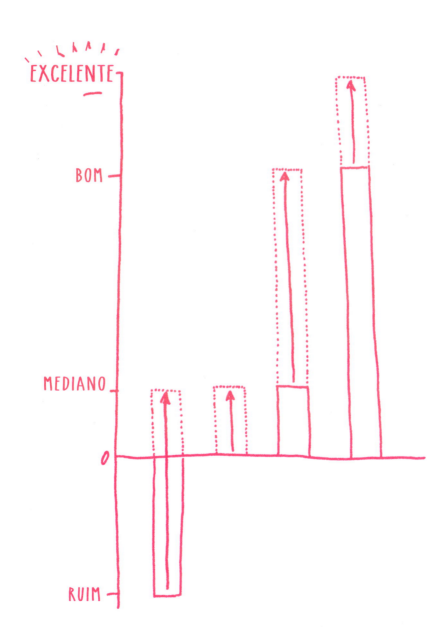

Revele quem você poderia ser

Agora você tem uma lista das suas qualidades mais fortes e das suas piores fraquezas. E tem a lista do que você mais gostaria de fazer. Ótimo. Vamos ver o que há em comum. Para isso, usaremos o método da sobreposição.

→ Desenhe três círculos que se encontram.
→ Em cada círculo, escreva coisas que você mais gostaria de fazer.
→ Agora seria interessante observar o que surge nas partes onde os círculos se encontram. Qual o denominador comum entre duas coisas que você mais ama?
→ Com isso, sobra a parte do meio, onde os três círculos se encontram. Qual é o denominador comum entre esses itens? É você! Escreva o seu nome nesse espaço.

A visão geral revela quem você seria se estivesse fazendo o que mais ama! O mais interessante está onde os círculos se encontram. Aqui, os dois itens que se encontram formam uma combinação única – algo único sobre você!

→ Repita esse exercício usando suas três maiores qualidades.
→ Compare os resultados dos dois exercícios; pense nas maneiras em que a sua única combinação de qualidades/características pode te ajudar a fazer o que realmente quer.

Claro que você pode usar esse exercício com suas piores fraquezas. Isso pode lhe trazer algumas reflexões interessantes também.

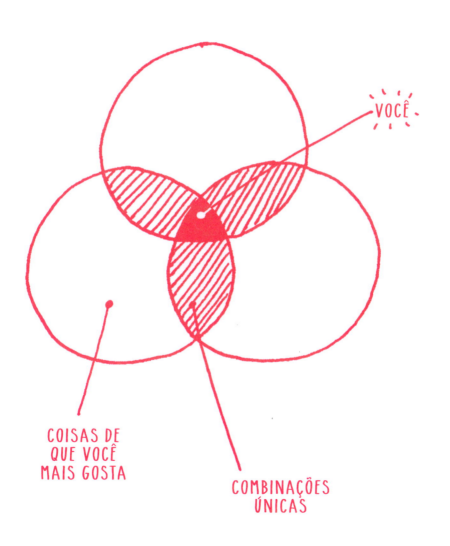

Faça um plano de vida em três etapas

Agora é hora de fazer um plano de vida para alcançar seu objetivo. Esse plano é bem simples: como chego de A a B?

> **O design é um plano para arranjar elementos de maneira que seja melhor para alcançar um objetivo em particular.**
> - Charles Eames

1 – Comece pelo fim

Você sabe aonde quer chegar: no que você mais ama fazer. Isso lhe dá um objetivo e uma direção. E eles não precisam ser definidos de maneira rígida – lembre-se do experimento do táxi. No entanto, é importante saber se você vai virar à esquerda, à direita ou continuar indo reto em alguns pontos.

> **Se alguém não sabe de qual porto irá sair, nenhum vento é favorável.**
> - Sêneca

2 – Onde você está agora?

Em um treinamento de taekwondo, nosso mestre uma vez nos perguntou: "Em uma luta o objetivo é claro. Você quer vencer. Você fica em pé em frente ao seu oponente no tatame. Mas como determinar a estratégia para alcançar seu objetivo?".

Quem era faixa preta logo respondeu: "Observe atentamente seu oponente". Certamente. No entanto, existe algo que precisa ser feito antes disso. Uma garota com uma faixa branca ofereceu uma solução: "Observe a si mesmo". E aqui está o cerne da questão. Você não pode determinar sua estratégia até que saiba onde está.

3 – Faça seu plano

- Pegue uma folha de papel. Coloque-a horizontalmente na sua frente e divida-a em três colunas.
- No topo da terceira coluna à direita escreva "objetivos", no topo da coluna à esquerda, "onde estou atualmente". Deixe a coluna do meio em branco, por enquanto.
- Escreva as três coisas que você mais gostaria de fazer na coluna à direita.
- Agora escreva onde você está na coluna à esquerda: o que você faz atualmente.
- Como você pode conectar a coluna da esquerda com a da direita? Com a coluna do meio, é claro. Escreva "estratégia" nessa coluna.
- Agora use a coluna do meio para escrever como chegar da coluna da esquerda (onde estou atualmente) para a da direita (objetivos). O que você precisa mudar para alcançar seus objetivos? Como suas qualidades podem ajudar para isso (ou até mesmo atrapalhar)? O que você deveria e não deveria fazer, no que precisa focar?

É simples assim. Se souber para onde quer ir e onde está agora, tudo que estiver no meio do caminho é apenas uma lacuna a ser preenchida. E esse será seu plano. Mas tenha certeza de que não seja algo rígido. Afinal de contas, nada é mais volátil do que o ser humano. Então deixe um espaço para ir ajustando o seu trajeto.

Estabelecer objetivos intermediários também funciona bem para isso. Onde você quer estar daqui a um ano? Você pode fazer uma lista de objetivos para cada ano. Faça um resumo de seus objetivos para o ano seguinte usando um lema ou um slogan. Este será seu tema. No final daquele ano, você pode avaliar como se saiu. Talvez você tenha feito algo ou conseguido fazer coisas que não tinha antecipado. Essas realizações inesperadas podem ser parte do caminho que levará ao seu objetivo a longo prazo.

Faça um plano em três etapas

Etapa 2.
Onde estou atualmente

Etapa 3.
Estratégia

Comece aqui

**Etapa 1.
Objetivos**

Quando você sabe o que quer, de repente as portas se abrem. Não existe sorte ou coincidência. Afinal, quando você tem uma direção determinada, conseguirá ver muitas outras possibilidades que não teria percebido antes. E você conseguirá decidir melhor sobre quais oportunidades aceitar e quais deve deixar para trás.

Eu amo quando um plano dá certo.
— John "Hannibal" Smith, The A-team

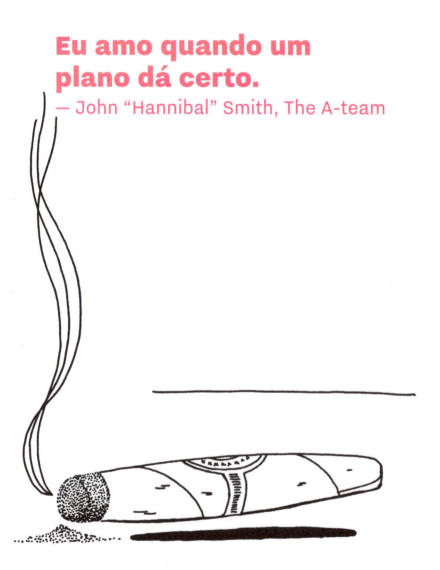

Informe o que tem no seu menu

Agora você sabe para qual direção gostaria de ir. Como você pode integrar essa direção com a sua prática diária? É bem simples: mostre isso. Quando eu estava – ainda – desenvolvendo o meu site, eu discutia com um designer amigo meu. Contei para ele que queria fazer projetos que gerassem uma renda, mas que também queria focar nas coisas que realmente desejava fazer. "Simples", ele respondeu, "eu colocaria as coisas que quero fazer no meu site e deixaria de fora as outras".

As pessoas vão entrar em contato a respeito dos itens que você colocar no seu site pessoal. E enquanto não houver nada de errado em fazer certos projetos para gerar uma renda, não existe necessidade de anunciá-los.

Isso serve para todo mundo, caso você tenha seu próprio negócio ou trabalhe para alguém. O que você coloca no seu "menu" é o que o distingue dos outros. Quanto menos itens no seu menu, mais claro fica qual o alcance do seu produto e mais você consegue focar nesses produtos ou habilidades.

Qual a sua #Hashtag?

Como já deve saber, uma *hashtag* oferece uma mensagem no Twitter, Instagram ou LinkedIn com um tema. Você também pode aplicar esse princípio para si mesmo para conseguir tomar decisões. Invente uma *hashtag* que resuma em uma, duas ou talvez três palavras o que te define como criativo – ou sobre o que é o seu empreendimento. Isso ajuda a testar se algo que você está por fazer está de acordo com o seu Plano de Vida. Se uma atividade ou projeto não se enquadrar com a *hashtag*, pode ser o momento de transferir para a Lista Do Que Não Fazer.

Criando sua #Hashtag

Como criar uma boa *hashtag* que resuma tudo o que você faz? Provavelmente o seu Plano de Vida, o seu Círculo de Competências e o exercício da sobreposição podem te ajudar a pensar em algo. Aqui vão algumas sugestões extras:

- → Imagine que alguém posta algo sobre seu trabalho em uma rede social. Qual *hashtag* você gostaria que adicionassem?
- → Ela é única, mas ao mesmo tempo geral o suficiente para ser entendida? Por exemplo: uma *hashtag* como #Design é muito ampla. Existem muitos tipos de designers, e todos poderiam usar essa hashtag. A minha *hashtag* é #typeinmotion, pois no meu papel como tipógrafo eu desenvolvo créditos de filmes e interfaces.
- → Faça o "Teste do Não".

Crie seu estilo visual próprio... algo único para você e identificável para os outros.
- Orson Welles

O "Teste do Não"

- → Faça uma lista de palavras que podem descrever você ou seu empreendimento. Não pense muito; escreva qualquer coisa que vier à mente sem hesitar.
- → Agora coloque a palavra "não" antes de todas as palavras na sua lista. Isso vai parecer meio estranho, mas é exatamente a intenção. Por exemplo, se você escrever a palavra "criativo", vai ficar "não criativo".
- → Agora se pergunte se existem pessoas criativas, estúdios ou outras organizações que diriam o seguinte sobre si mesmas: "Não somos criativos". A chance é quase nula. Isso significa que a *hashtag* #criativo é muito geral. Qualquer um que se considerar criativo de alguma forma seria capaz de usar essa *hashtag*. Use esse método para se livrar de qualquer descrição na sua lista que seja muito geral.

#ChefEscritor seria uma boa *hashtag* para alguém que gosta de cozinhar e escrever, principalmente livros de receitas. Afinal de contas, existem muitos criativos que afirmam que não são escritores e nem chefs, muito menos autores de livros de receita. Portanto, essa *hashtag* é única, mas ainda é compreensível para todos.

Agora pegue seus círculos que se encontram. Veja como fica quando você coloca a sua *hashtag* no meio (em vez do seu nome). Ela se encaixa no resumo de suas qualidades que se encontram? Sim? Então você está no caminho certo! Você encontrou uma boa *hashtag* que pode te ajudar a avaliar o que você pode ou não trabalhar.

E aí, qual a s #Hasht

**Escreva sua *hashtag* aqui.
E use uma caneta bem grossa!**

ua

g?

Crie o seu menu

Para que tipo de projeto as pessoas deveriam te chamar? De que precisam lembrar sobre seu trabalho? Quanto menos itens, mais fácil será para os outros lembrarem.

→ Faça uma lista das suas habilidades e projetos.
→ Verifique quais habilidades e projetos combinam com a sua *hashtag*.
→ Coloque-os no seu menu.

Agora você já elaborou um plano para onde quer ir (seus objetivos) e como chegar lá (usando sua *hashtag* e criando um menu). Ter esse tipo de foco economizará muito tempo. Mas você consegue economizar mais tempo ainda se criar uma rotina no trabalho. Esse é o assunto do próximo capítulo.

Quando você reduz o número de portas que se pode atravessar, mais pessoas atravessam aquela que você gostaria que atravessassem.

- Scott Belsky

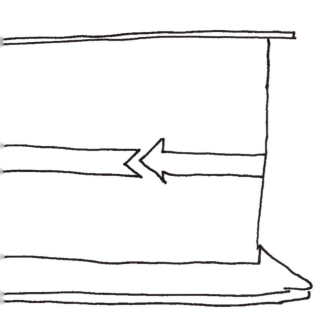

Trabalho:
Crie uma rotina

O tempo é a matéria crua da criação. Por trás da mágica e do mito da criação, tudo o que sobra é trabalho: o de se tornar um especialista por meio do estudo e da prática, o de procurar soluções para problemas e problemas com tais soluções, o de tentativa e erro, o de pensar e aperfeiçoar, o trabalho de criar.
- Kevin Ashton

    Nota para o leitor: este capítulo será mais direcionado para quem é freelancer ou trabalhadores independentes. No entanto, sempre que um "cliente" for mencionado, você também pode interpretar como "chefe" ou "gerente". Estudantes podem substituir em alguns casos "cliente" por "professor".

Rotina diária

> **Tenha uma rotina diária… trabalhar é um processo, não o produto.**
> - Nicoletta Baumeiser

    O escritor e jornalista holandês Hans den Hartog Jager escreveu um belo livro sobre o método de trabalho de artistas. Entrevistou 14 dos mais importantes artistas contemporâneos que moravam na Holanda, entre eles Constant, Armando, Marlene Dumas e Robert Zandvliet. Ele percebeu que havia diferença entre os métodos, mas havia algo em comum. Todos eles tinham uma rotina, uma maneira fixa de trabalhar.
    A mente de alguém criativo é uma fusão caótica de ideias e pensamentos. O único jeito de converter esse caos em trabalho é fazendo com que o dia a dia seja organizado. O ex-presidente Obama veste um terno azul ou cinza todos os dias; Mark Zückerberg sempre usa um moletom com capuz. Ambos afirmam ter muitas escolhas para fazer todos os dias e preferem não escolher qual roupa vestir. Resumindo: economize tempo em assuntos triviais para deixar mais tempo para aquilo em que realmente precisa focar.

> **Eu gosto de ter uma rotina. Faz com que eu improvise.**
> - James Nares

Criatividade é tédio (na maioria das vezes)

    No final de uma reunião para um novo projeto, meu cliente me perguntou: "Como você vai começar? Vai deitar no sofá e pensar sobre o projeto?". "Não", respondi. "Vou começar a trabalhar". Ele esperava que eu encontrasse inspiração relaxando no sofá. Talvez acompanhado de um licor e um drinque. Eu tive que desapontá-lo: não é nada boêmio e romântico.

Uma profissão criativa sem dúvida é a melhor que existe. Mas pagamos um preço por isso: uma monotonia inacreditável. Criar algo bom não acontece sozinho. Mesmo com talento, ainda é um trabalho muito árduo. Não importa quão simples seja o produto final – geralmente ele contém uma carga imensa de trabalho e, com isso, tempo.

> **Vou para meu estúdio todos os dias. Em alguns dias, o trabalho flui facilmente. Em outros, não acontece nada. Mesmo assim, nos melhores dias a inspiração é apenas uma acumulação de todos os outros dias, até dos que não foram produtivos.**
> - Beverly Pepper

Para fazer um trabalho excelente, você terá que dizer não para algumas outras coisas. Será preciso mover muitos projetos para a sua Lista Do Que Não Fazer, e sua vida social tomará um rumo diferente das outras pessoas. No entanto, não é saudável só ficar trabalhando. É melhor fazer uma pausa regularmente. Você também pode incorporar isso na sua rotina. Não é preciso virar um monge para ser produtivo. Ou melhor: seja um monge atrevido. Não se esqueça: os monges também bebem cerveja.

Pessoas quietas apenas trabalham.
- Joyce Carol Oates

Pense em um conceito para o seu estúdio

Para criar uma rotina de trabalho, é preciso um ambiente de trabalho. Considere suas necessidades: se precisa de muita concentração, talvez seja melhor ter o seu próprio espaço. Se prefere colaborar com outras pessoas, talvez uma sala em um prédio colaborativo seja mais interessante.

Selecione uma localização estratégica e considere a situação. Você precisa imprimir coisas sempre? Então não gaste todo o seu dia no Starbucks, pois precisa ir o tempo todo para o xerox. E coloque-se no entorno dos seus clientes. Isso fará com que você economize muito tempo de deslocamento e facilitará o encontro com clientes em potencial, assim como com outras pessoas criativas.

> **Eu não tenho um estúdio. Ando por aí, no sótão das pessoas, pelos campos, nos porões, qualquer lugar que achar convidativo.**
> - Andrew Wyeth

Vá para a cama!

Deixar de dormir é algo superestimado

Algumas pessoas pensam que é descolado "reclamar" sobre o quanto e até que horas trabalham. O que realmente querem dizer é: "Tenho pouco tempo para dormir, pois tenho muita coisa para fazer e por isso sou bem-sucedido". Você também pode interpretar como: "Sou péssimo em planejamento e fazer escolhas, agora estou preso trabalhando a noite toda". Sinto que essa última geralmente é verdade.

Pronto, esse é nosso segredo: vá dormir! Você irá acordar, lembrar e entender.
- Robert Browning

Felizmente, outras pessoas defendem uma boa noite de sono. Ao dormir bem, você fica renovado e, com isso, tem uma mente mais afiada (o que ajuda a tomar as decisões certas). Mesmo se tiver um prazo, em certo ponto seu rendimento cai. Você pode pensar que está progredindo, mas está apenas corrigindo suas próprias correções. Vá para a cama! Durma e acorde uma hora mais cedo na manhã seguinte. Quando estiver descansado, pode fazer o mesmo trabalho em uma fração do tempo. E fará ainda melhor.

Pare de adiar, tire um cochilo

E aí tem o botão de "adiar o despertador". Seu alarme dispara e você pensa: "Vou ficar mais uns 10 minutos". E mais 10 minutos, e mais 10 para completar. Bem, se tiver tempo para adiar 30 minutos, para começo de conversa, você deve programar seu alarme para meia hora depois. Ou não adie o despertador e levante! Acorda, Maria Bonita! Levanta, vai fazer o café!

Está cansado durante o dia? Tire um cochilo! Um cochilo de 10 minutos vai te recompor. Claro que é mais fácil fazer isso quando você trabalha em casa ou quando for o único no estúdio do que se trabalhar em um café ou em um estúdio maior. (Por isso minha mãe costumava tirar cochilos no banheiro do trabalho.)

Vamos começar tirando uma soneca ou duas...
- Ursinho Puff

ADIAR O ALARME X NÃO ADIAR

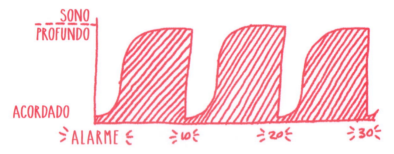

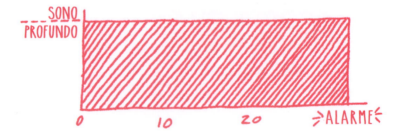

A alegria de estar por fora

Uma nova era sempre traz um novo problema. Na época dos smartphones e nas redes sociais, o problema se chama FoMO (Fear of Missing Out), o equivalente a Medo de Estar por Fora. Sintomas? Você fica andando com um celular nas mãos ou tira ele do bolso a cada dois minutos.

Os celulares são bem úteis em várias situações – não sou contra eles. Mas eles também podem fazer com que você esqueça de prestar atenção no mundo à sua volta. É por isso que eu prefiro sofrer de JoMO (Joy of Missing Out), ou a Alegria de Estar por Fora.

"Desculpe, essa é uma ligação importante..." Não, não é

Você está conversando com alguém em uma festa. E então de repente aparece outra pessoa e começa a conversar com um de vocês dois. Que irritante! Por que você deixaria isso acontecer quando uma terceira pessoa te liga? Você não precisa atender de fato. Será que essa ligação é realmente mais importante do que a conversa ao vivo que você está tendo?

Geralmente as pessoas afirmam: "Preciso muito atender". Mas isso não é verdade. Se terminar sua conversa olho no olho e retornar a ligação 10 minutos depois, o mundo provavelmente não acabou. Você não precisa atender o celular; você escolhe atendê-lo. Sempre que se flagrar pensando "preciso atender" substitua por "escolhi atender essa ligação". Então perceba se isso muda algo para você. Claro que isso pode ser aplicado com outras partes da vida que você achar mais apropriado.

Ficar sem wi-fi é uma dádiva

Uma grande vantagem de viajar é que geralmente você fica sem acesso à internet. Use esse tempo para fazer coisas que não faria caso estivesse conectado. Leia um livro, por exemplo. Ou simplesmente curta o momento sem precisar checar suas mensagens. Quando estou viajando, nunca compro crédito para o celular. Assim não consigo checar o e-mail e então não preciso ficar pensando muito nisso.

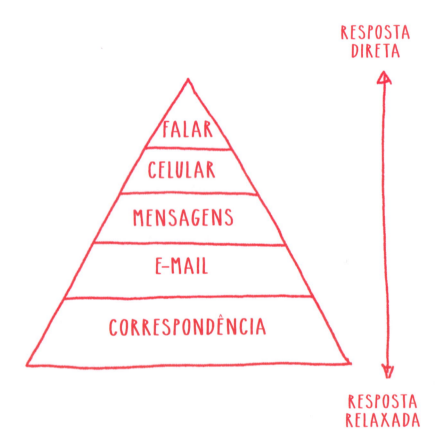

Muitas pessoas que estão viajando ficam preocupadas com os lugares onde existe internet. Uma vez, eu estava em um voo e a aeromoça anunciou que havia internet a bordo. Todo mundo pegou imediatamente os celulares e laptops. Após 45 minutos de agitação, consegui me conectar. E descobri que não sabia realmente o que eu queria procurar na web. E então passei 45 minutos fazendo isso em vez de ler um livro, desenhar ou cochilar. Depois disso, decidi nunca mais checar se um voo oferece acesso à rede.

Não leve sua câmera
Durante minhas férias no leste europeu – bem antes da era dos smartphones – eu tirava fotos de tudo com a minha câmera digital. E por conta disso sempre insistia em fazer composições legais, precisando de algum tempo para tirar as fotos.

Na metade da viagem, minha câmera foi roubada. Eu perdi todas as fotos, mas isso foi ótimo! Podia andar por aí e ver tudo, sem precisar me preocupar se deveria tirar uma foto. Eu tenho um carinho enorme pelas memórias daquelas férias. Assim como qualquer viagem que fiz há muitos anos, quando tinha 36 fotos no rolo do filme e podia tirar duas ou três fotos por dia. Tínhamos que ser mais seletivos naquela época. Hoje nossos celulares estão repletos de fotos, que geralmente ofuscam os momentos importantes.

Rede social: o teste do "quem se importa?"
Ah, as redes sociais! É tudo maravilhoso, mas ninguém fala algo realmente importante. Igualzinho a um bar. Naturalmente, isso também faz com que as redes sociais (e os bares) sejam tão divertidos. Mas fique de olho na frequência com que você visita esses espaços – do mesmo jeito que o bar.

Caso perceba que está passando muito tempo no Facebook, Instagram ou Snapchat, você pode se livrar desse vício muito rápido. Para cada postagem, se pergunte se passaria no teste do "quem se importa?".

→ Leia uma postagem e se pergunte se escrever o comentário "quem se importa?" seria uma resposta perfeitamente razoável.
→ Que tal fazer o mesmo na próxima postagem? E na próxima?
→ Teste se isso se aplica a 99% das postagens.
→ Feche qualquer rede social que estiver usando e comece a fazer outra coisa.

Dicas para o escritório

Se existe um lugar em que desperdiçamos tempo, esse lugar é o escritório. Mesmo sendo uma pessoa criativa, é impossível evitar atividades relacionadas à rotina de escritório: administração, apresentações e reuniões. E isso não é uma coisa necessariamente ruim. Seus colegas podem te inspirar, a apresentação pode ser divertida de criar e claro que é ótimo conseguir pagar os boletos. No entanto, economizar tempo nas atividades do escritório é sempre bom.

Dica nº 1 para o escritório: e-mail

Vamos começar com aquilo que mais consome tempo: e-mail! Se existe algo em que as pessoas conseguem se ocupar é o e-mail. É o meio de comunicação ideal, mas imagine se desse para imprimir todos os e-mails que você recebe e colocá-los debaixo da sua porta, como se fossem uma correspondência normal?

Ação = reação

A solução para reduzir o fluxo de e-mails é simples. Ação é reação. Se eu rebater a bola alguém vai chutar ela de volta. Quanto mais e-mails você enviar, mais irá receber. O problema, portanto, não está no comportamento das pessoas, mas no seu. E é mais fácil ajustar o seu comportamento do que o dos outros.

Se você não enviar nada para outra pessoa, ela não precisa te responder. E uma resposta rápida não serve também. Talvez ele ou ela tenha ficado feliz de tirar esse e-mail da Lista Do Que Fazer.

Não é mais rápido ligar do que escrever um e-mail? Veja quanto tempo leva para escrever um e-mail comum.

!! Ignore o ponto de exclamação

As pessoas geralmente encaminham e-mails sem explicar o contexto: nenhuma explicação, pedido, nada. Sempre que recebo um e-mail assim, nunca faço nada com ele. Se não gastaram tempo para contextualizar o conteúdo, me sinto seguro para assumir que não é importante. O mesmo serve para pessoas que não deixam recado na caixa postal. Eu não ligo de volta também. E aqueles pontos de exclamação vermelhos nos e-mails? Se for realmente importante, com certeza irão ligar. Afinal de contas, não dá para esperar que alguém esteja colado à tela do computador o dia todo.

E-mails de cinco frases

Uma afirmação famosa (não só a de Churchill) é: "Se tivesse mais tempo, teria escrito uma carta mais curta". Geralmente as pessoas não dedicam tempo suficiente para escrever e-mails, criando monstruosidades vagas e longas. Dedicar algum tempo na escrita do seu e-mail pode te economizar tempo.

A tecla *delete* existe por uma razão.
- Stephen King

Assim, quando planejar escrever um e-mail, tenha certeza de que mandou uma mensagem objetiva, afirmando com clareza o que precisa. E seja breve. Isso é bem fácil, se você se limitar a 5 frases.

   1 – Olá
   2 – O que está enviando
   3 – Detalhes necessários
   4 – Ações necessárias
   5 – Tchau

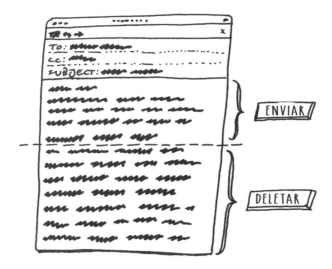

Você terá um e-mail que se parece com este aqui:
Olá, Jane
Estou mandando o design novo, sobre o qual conversamos no lago. Mudei o esquema de cores para deixar mais natural. Por favor, me fale se você gostou mais dessas cores.
Tchau, Tarzan.

Assim você deixa claro o que precisa ser respondido, com um sim ou não. Ou até mais curto: Cheryl Mills, chefe de gabinete do Departamento de Estado americano, era conhecida por enviar um "s" como resposta afirmativa, até para a Hillary Clinton.

Dica nº 2 para o escritório: reuniões

Reuniões são um mal necessário para pessoas criativas. De vez em quando temos que sair do nosso esconderijo e participar de uma reunião, ou fazer uma apresentação. Reuniões geralmente parecem uma conversa infinita, e apresentações demandam muita energia. Nada irá mudar isso. Mas você pode aproveitar mais fazendo com que as reuniões e apresentações façam parte do seu processo criativo. Também é uma oportunidade para envolver outras pessoas e o cliente. Se fizer uso inteligente disso, as reuniões cansativas e as apresentações irritantes podem ser produtivas e economizar seu tempo.

Faça a lição de casa

Obviamente não é conveniente chegar despreparado a uma reunião. Saiba com quem vai se reunir ou quem é o seu público (use o Google se precisar). Além disso, pergunte ao seu cliente quem eles vão trazer para a reunião e tente descobrir que tipo de pessoas eles são. Isso permitirá que você ajuste a sua reunião.

Alguns clientes gostam que você vá direto ao ponto, enquanto outros preferem que você fale mais da proposta. Cada cliente é diferente. Alguns precisam de algo mais objetivo, que pode ser respondido com um simples sim ou não. Aqueles que preferem se sentir mais envolvidos no seu processo provavelmente precisam ter mais opções.

Personalize

É mais atraente. Por exemplo, se for um designer gráfico apresentando um estilo corporativo, considere colocar o nome do responsável pelas decisões no cartão de visita. E não tenha medo de mostrar sua personalidade. Seu cliente vai visitar seu estúdio? Faça com que seja uma experiência. Coloque uma música de fundo. Os clientes com certeza gostarão disso, pois provavelmente trabalham em lugares tediosos.

Economize tempo com chamadas de vídeo

Consultas cara a cara são necessárias, mas as ferramentas de comunicação on-line são extremamente efetivas. Você pode ver os outros nos olhos (mais ou menos) e apresentar propostas com telas compartilhadas, sem precisar se deslocar. E isso te dá a oportunidade de trabalhar assuntos menores, sem muitas complicações.

Mas fique atento! Sempre marque antes com o seu cliente. Não faça chamadas de vídeo sem anunciar e também determine os seus limites. Uma vez tive um cliente que me ligava no Skype sempre que eu ficava on-line. Até mesmo tarde da noite. Então tive que explicar muito educadamente que não estaria sempre disponível para ele, mesmo que estivesse on-line.

Sempre verifique se precisam de você na chamada de vídeo. Algumas pessoas têm a tendência de convidar qualquer um para a chamada, mesmo que minimamente envolvido no projeto. E conforme afirma meu irmão – um arquiteto de iluminação –, "antes que você perceba, terá passado três horas ouvindo como uma privada está ligada ao sistema de esgoto".

Seja profissional, crie limites

Isso me leva ao próximo ponto: seja claro sobre quais canais de comunicação você usa com os clientes. Antes que perceba, você vai usar 10 aplicativos diferentes. Se os clientes começam a enviar informações importantes pelo WhatsApp, peço com educação para que me enviem um e-mail. Assim tenho certeza de não perder informações importantes (já que normalmente uso o WhatsApp para fofoca, memes e papo furado).

Se alguém me liga enquanto estou viajando, peço para que me mande as informações por e-mail. A maior vantagem disso é não precisar ir atrás de uma caneta e papel, e o cliente sabe que tenho todas as informações, já que as terá enviado por e-mail.

Dica nº 3 para o escritório: briefings

Você saberá quem são seus clientes pelo briefing deles

O nível dos seus clientes pode ser deduzido através do briefing, principalmente pelo pedido e os requisitos que forem definidos. Se o cliente for profissional, ele ou ela irá fazer um briefing com todas as especificações das necessidades em questão. Contudo, você pode encontrar dúvidas como: "quanto custa uma sessão de fotos?" ou "quanto custa uma pintura?". Naturalmente, não é possível responder essas perguntas sem especificar as coisas. Portanto, deixe claro o que o cliente quer antes de avançar. Geralmente é mais rápido conversar a respeito.

Você também pode encontrar um cliente empolgado, que fez um briefing gigante para uma tarefa pequena (com um orçamento menor ainda). Eles podem até mesmo apresentar um briefing volumoso para três agências diferentes. Esse tipo de cliente geralmente tenta ser profissional, mas não é. O jeito deles de trabalhar geralmente atrasa o processo. Principalmente porque se envolvem em um assunto do qual não entendem.

Você tem um cliente novo que não sabe o que quer? Nem mesmo após uma longa conversa? Então considere de verdade se quer fazer o projeto. Que fique o aviso: pode ser um processo longo repleto de frustrações.

Reescreva o briefing

Se o cliente fez um briefing ou não, é sempre sensível da sua parte fazer sua própria anotação. Você pode usar isso para explicar como interpretou a tarefa, de maneira precisa. Não tenha medo de gastar muito tempo tentando deixar as coisas bem claras: esse tempo irá valer a pena nas etapas seguintes. Se não ficaram claros os acordos que envolvem o projeto (escopo, prazo, versões e comentários), isso pode te custar mais tempo e paciência a longo prazo.

Peça um orçamento

Geralmente o cliente não gosta de revelar muito sobre o orçamento. Sempre pergunte sobre (o escopo do) orçamento, de qualquer maneira. Até mesmo uma informação menor pode te ajudar a desenvolver uma oferta apropriada. E como elaborar uma oferta pode demorar um pouco, seria um desperdício passar horas fazendo isso se o preço que você determinar estiver acima da verba do cliente. Ele não sabe quanto tem de verba disponível ainda? Nessas situações geralmente ele quer saber o custo geral para desenvolver o projeto. Se for este caso, você pode fazer uma proposta estimada. Se o cliente não ficar pálido de choque, sempre dá para fazer uma cotação legal e mais detalhada.

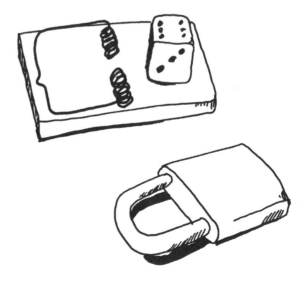

Dica nº 4 para o escritório: uma tarefa por vez

Com o crescimento da internet e dos celulares, as expectativas são de que – mais do que nunca – realizemos mais de uma tarefa ao mesmo tempo. E é claro que conseguimos. A pergunta é: quão bem?

> **Nesse mundo de redes sociais, lembre-se que só porque você está fazendo muito mais não significa que consegue dar conta de tudo.**
> - Denzel Washington

O mito da multitarefa

Quem faz duas ou mais coisas ao mesmo tempo precisa dividir a atenção. Mascar chiclete enquanto anda não é tão complicado. Falar ao telefone caminhando vai demandar muito mais concentração e vai te deixar menos alerta com o que está fazendo. Mas ainda é possível fazer ambos ao mesmo tempo. Quando você executar mais de duas atividades que exigem um raciocínio consciente, as coisas começam a dar errado. Tente escrever um e-mail enquanto fala ao telefone.

Sua memória está lotada

O cérebro simplesmente não foi feito para as multitarefas. Não dá para fazer duas coisas ao mesmo tempo com a mesma intensidade e atenção. Fazer duas coisas ao mesmo tempo de verdade não é possível, de qualquer forma. Ao realizar multitarefas, seu cérebro troca constantemente entre várias atividades. E cada vez que troca, o cérebro começa do zero. A informação que entra na sua mente se torna altamente fragmentada. Isso faz com que as conexões sejam feitas pela metade, reduzindo a chance de que a informação chegue na sua memória de longo prazo, minimamente. Se estiver lendo isso enquanto fala ao telefone, mais tarde você irá lembrar muito pouco da ligação, deste parágrafo ou até mesmo dos dois.

Ficando de fora

Precisa de mais razões para não realizar muitas tarefas ao mesmo tempo? Se estiver sempre no celular enquanto anda pela cidade, você está perdendo muitas contribuições do mundo externo à sua volta. Um colega compositor me disse uma vez: "Quando estou viajando, escuto os sons à minha volta. Nunca consigo ouvir esse tipo de 'música' em casa." Então, quando não está no meio das multitarefas, você não apenas cria espaço em sua mente, como também pode ficar inspirado para preencher esse espaço com novos pensamentos e ideias criativas.

Existe tempo suficiente para tudo ao longo do dia, se você fizer uma coisa por vez. Mas não existe tempo suficiente no ano se você fizer duas coisas ao mesmo tempo.
- Philip Stanhope

Faça uma coisa por vez

    Quem é multitarefa fica estressado mais rápido e começa a cometer erros, mesmo sem perceber. E a pessoa fica com a impressão de que está sendo produtiva. Pesquisas mostram que aqueles que fazem várias coisas ao mesmo tempo possuem uma capacidade cerebral menor do que os que estão sob influência de maconha.

    Aqueles que realizam uma tarefa por vez acabam se tornando mais produtivos. Eles não lidam com pensamentos fragmentados e conseguem focar adequadamente no trabalho. É por isso que geralmente terminam um projeto mais rápido. E mais, se você tiver desenvolvido um único projeto ao longo do dia, irá dormir com uma sensação de satisfação e paz maior do que se tivesse passado o dia todo fazendo várias tarefas pequenas de maneira rápida – e muitas estarão incompletas.

CONCENTRAÇÃO X TAREFAS

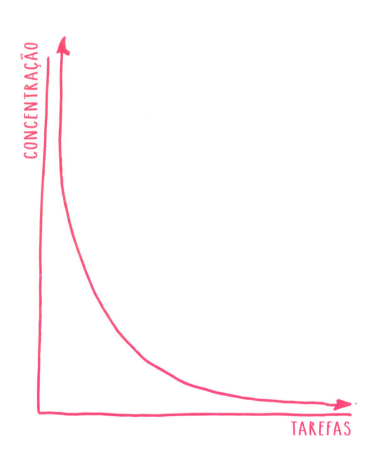

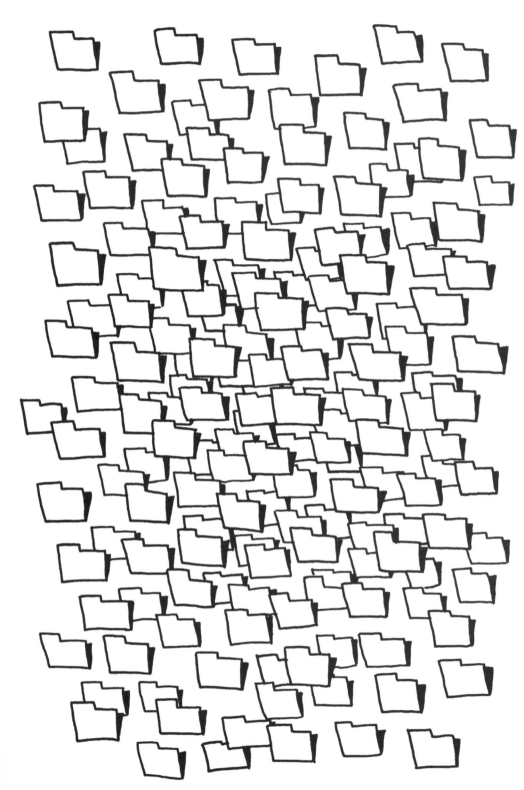

Dica nº 5 para o escritório: ferramentas digitais

Seja qual for o seu método, é importante que você organize seu trabalho. Existem muitas coisas que não deveriam ser uma preocupação (ou com as quais você não deveria gastar tempo). Organizar e automatizar seu método de trabalho pode te ajudar com isso. Assim, você terá mais espaço – física e mentalmente – para experimentar.

> **Seja consistente e organizado na vida, para que possa ser violento e original no trabalho.**
> - Clive Barker

Crie um fluxo de trabalho

Pessoas criativas são diferentes entre si, mas elas têm em comum ideias para criar as coisas. A rota que fazem para sair de uma ideia para o resultado final é o processo. Para isso, você pode pensar em um método. Este é o seu fluxo de trabalho: a rota que você segue do começo ao fim.

Crie uma estrutura de arquivos

Muitos de nós usamos um computador para a maior parte do processo de criação. Uma das vantagens do computador é que ele sempre permite que você se organize. No entanto, se não tiver cuidado, você pode criar um caos. Nesse caso, você vai agradecer à ferramenta de busca do seu computador.

Você facilitará sua vida se começar a trabalhar com uma estrutura de diretório fixo no seu computador. Essa estrutura é uma reflexão digital sobre o seu fluxo de trabalho. Assim, criar uma estrutura de diretório também vai ajudar a visualizar seu fluxo de trabalho.

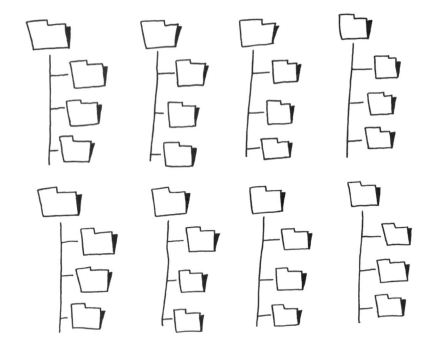

    Antes de montar essa estrutura, reflita se alguém iria entender isso sem que você explicasse. Isso trará muitas vantagens, especialmente se outras pessoas, como freelancers, membros de uma equipe ou estagiários precisarem trabalhar com esse material também.

    Crie um diretório vazio onde possa copiar e colar para cada projeto. Assim, cada projeto irá parecer o mesmo, em termos de estrutura. Isso também ajuda a poupar tempo sempre que começar algo novo. E se precisar de algo de um projeto após alguns meses, você sabe onde encontrar.

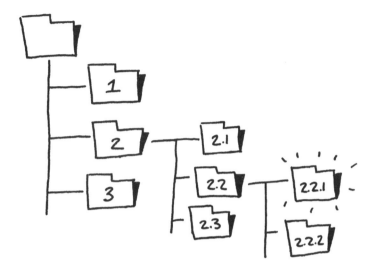

Algumas dicas práticas

Primeiro, elabore uma estrutura básica, por exemplo três pastas com os nomes Atual, Antigo e Condutas. Coloque imediatamente as pastas que não são relevantes em "Antigo". Você também pode basear a sua estrutura em anos e/ou meses.

Trabalhar com números pode te economizar muito tempo também na hora de localizar rapidamente um arquivo. "Os arquivos estão na pasta 2.2.1". Isso, por exemplo, pode significar: 2 Designs/ 2.2 Rascunhos / 2.2.1 Ilustrações.

Você sempre cria muitas versões de um mesmo arquivo? Dê nomes fixos aos seus arquivos, tal como cartao_vs1_comentariosAB. Assim, você sempre conseguirá encontrar a versão correta.

Automatize tudo (que dá para ser automatizado)

O computador não me faz necessariamente um designer melhor. Um computador ainda é nada mais do que um lápis digital. Mas assim que você souber o que quer, o computador vira uma ferramenta ótima para finalizar seus designs. Também é possível usar programas que ajudam no desempenho, quando levaria horas se tivesse que fazer manualmente.

Você não consegue elaborar um design melhor com um computador, mas consegue acelerar muito o seu trabalho.
- Wim Crouwel

Por exemplo, o Photoshop tem uma função que consegue automatizar algumas ações. Você só precisa desenvolver a técnica uma vez, e depois ele continua automaticamente. Muito útil se precisar editar 10 fotos da mesma forma.

Outro exemplo cotidiano: pastas inteligentes no seu e-mail que programam exatamente o tipo de e-mail, em termos de relevância.

Se você conhecer um pouco de programação, poderá desenvolver suas próprias ferramentas para deixar o computador fazer as coisas automaticamente. Se não souber: existe um aplicativo, site ou programa para quase tudo que você quer automatizar. Um bom exemplo é a ferramenta on-line *This Then That* (ifttt.com). Esse site permite que você crie receitas simples para conectar todas as suas redes sociais.

```
fill(None)
stroke(0)
strokeWidth(2)
for i in range(10):
    y = 100 + 50 * i
    line((100, y), (600, y))
```

Pode levar algum tempo para encontrar a ferramenta perfeita. Mas assim que encontrar o que precisa, você vai economizar muito tempo – ao menos se planejar usar isso com frequência. Se você aplicar uma ferramenta apenas algumas vezes, a busca pelo aplicativo automatizador ideal pode custar mais tempo do que fazer tudo manualmente.

Ferramentas on-line de comunicação

Existe uma quantidade enorme de ferramentas on-line para atividades diárias que podem facilitar a colaboração e o compartilhamento de arquivos. Sempre escolha uma ferramenta que a maioria das pessoas da equipe já esteja usando – já está incorporado na maneira como eles trabalham e assim ninguém precisa se acostumar com algo novo.

Como escolher uma ferramenta? Considere as necessidades e o esforço que é necessário para usar essa ferramenta. Grupos do Facebook podem ser úteis se todos já estiverem no Facebook. WhatsApp é conveniente se todo mundo viaja muito, mas nem tanto se for preciso compartilhar muitos arquivos. Talvez você precise de uma ferramenta que permita que você distribua tarefas, em vez de apenas comunicar. Neste caso, é melhor uma dentre as muitas ferramentas on-line para gerenciar projetos.

De qualquer forma, não entre na discussão de qual é a melhor ferramenta. É uma perda de tempo. É melhor começar colaborando e avaliando se necessita mesmo de uma ferramenta on-line de comunicação conforme avança o projeto.

Você é profissional, então escolha contas Pro

Muitas pessoas ainda parecem ter a ideia de que tudo que for digital deve ser gratuito. No entanto, produtos digitais não são gratuitos apenas por serem fáceis de se copiar. Se alguém desenvolve um código e cria com software, então existe um valor nisso. Afinal de contas, você pode usar aquele software para fazer outras coisas. Por exemplo, o design de uma cadeira. Essa cadeira pode ajudar na postura das pessoas. Portanto, a cadeira possui um valor. Você dedicou tempo no seu design, motivo pelo qual você quer ser pago por ele, nada mais justo. Afinal de contas, você é um profissional. Então por que não pagaria por ferramentas que usou no seu design?

Trabalhar com softwares ilegais ou a versão gratuita que não possui todos os recursos acaba custando muito tempo, pois eles sempre funcionam parcialmente. Isso implica tempo perdido que não dá para cobrar do cliente. Verifique quanto esse tempo custa em termos de uma média de tempo para saber o preço de trabalhar com um software não profissional. Compre a versão profissional; será mais barato a longo prazo. E isso vai te poupar muito estresse, simplesmente porque funciona. Não há confusões, fazendo com que você pareça mais profissional também.

Está preocupado com o custo de uma assinatura para um software? Não é tão ruim quanto parece. Uma unidade externa ou um software comprado costumavam ser muito mais caros. Além disso, a versão on-line é atualizada, o que significa que sempre terá a versão mais recente.

Homem X máquina

Tenha o cuidado de automatizar apenas aquilo que te distrai do seu processo criativo; não o processo criativo em si. Um computador conduz ações com base em linhas de códigos. Não é um ser humano que, com suas misturas de emoções, sentimentos, intuição, memórias, expressão, etc., consegue fazer conexões que o computador jamais faria. Isso é criatividade. Use o computador para que seu cérebro tenha mais espaço e tempo para o processo criativo!

Trabalhando juntos

Dependendo da sua área, você irá (terá que) colaborar com pessoas de um patamar superior ou inferior. Pintores e artistas geralmente trabalham sozinhos, mas às vezes têm um assistente. Atores e dançarinos fazem shows juntos. Designers e outros freelancers trabalham sozinhos, mas também em equipes (alternadas). Colaborações podem ser extremamente frutíferas, oferecendo muitos resultados e economizando tempo, mas também podem levar a muitas reclamações e frustrações.

As pessoas certas

Se você trabalhar com outra pessoa, de repente terá de lidar com duas mentes criativas. Você não vai mais conseguir confiar apenas nas suas ideias, terá que usar a criatividade do outro. No entanto, isso é importante para que você trabalhe com pessoas que te complementam, melhorando quem você é. A soma deve ser 1+1=3. Procure trabalhar com pessoas que estão no seu nível ou, melhor ainda, que estão acima. Isso desencadeará uma espiral que tende apenas a subir. Ao trabalhar junto com alguém capaz de fazer algo que você não sabe – ou não tão bem –, você irá criar coisas que teriam demorado muito tempo para surgir por conta própria. Usem a força um do outro e formarão uma superequipe.

Trabalhe com pessoas que complementam

Apesar de parecer ser ideal trabalhar com alguém que seja igual à sua linha de pensamento, isso se torna inútil na prática. Essas combinações produzem uma colaboração de 1+1=2. Se colocar duas maçãs parecidas em uma salada de frutas, você terá uma salada de frutas menos interessante do que se colocar uma maçã e uma pera.

Opções de Trabalho em Equipe

1 + 1 = 3	**Ótimo trabalho em equipe**
1 + 1 = 2	**Trabalho em equipe insignificante**
1 + 1 = 1	**Trabalho em equipe em que uma pessoa está fazendo tudo sozinha**
1 + 1 = 0	**Trabalho em equipe em que não acontece nada**
1 + 1 = -1	**Trabalho em equipe desastroso**
1 + 1 = 1 + 1	**Trabalho em equipe em que ficam apenas sentados no mesmo cômodo**

Lista Do Que Fazer

Lista Do Que Não Fazer

Quando todos pensam igual, então ninguém está pensando.
- Walter Lippmann

Uma boa colaboração é um pouco parecido com se apaixonar. Não dá para forçar, é preciso que flua de maneira orgânica. O divertido sobre se apaixonar é que dá para se reconhecer no outro. Além disso, a outra pessoa te enriquece com qualidades que você não possui, sem que você se perca no meio do processo.

O mesmo serve para colaborações. Vocês precisam se ver parcialmente refletidos naquilo, o que lhes permite trabalhar em algo juntos com a mesma paixão. Por outro lado, é preciso complementar o outro na base da igualdade. Isso faz com que a colaboração seja melhor do que a soma das partes: 1+1=3.

Existem dois tipos de colaborações efetivas: entre pessoas com a mesma mentalidade, que possuem habilidades diferentes, porém complementares; e aquela entre pessoas que têm (quase) as mesmas habilidades, mas possuem mentalidades diferentes, porém complementares.

Observação: com "mentalidades diferentes" ou "habilidades diferentes" não quero dizer que são posicionados em dois lados extremos do espectro. Quero dizer que os mundos se sobrepõem parcialmente, e que uma parte desses mundos é adjacente ao outro.

Pessoas com a mesma mentalidade que fazem coisas diferentes
Um exemplo clássico de duas pessoas trabalhando em um projeto é oferecido por equipes no mundo publicitário: "Arte & Cópia", ou o diretor de arte e o redator. Juntos, eles criam um conceito para uma campanha, depois um deles foca na arte e o outro na cópia.

Mas outras áreas distintas podem se juntar para colaborações. Por exemplo, como tipógrafo, tenho feito por um bom tempo os créditos de filmes para cinema, em colaboração com um estúdio de efeitos visuais. Apesar de cada um ser de uma área diferente, encontramos um conceito comum, no qual pude focar para fazer a tipografia e o design, enquanto eles desenvolvem a animação. Ao fazer isso, criamos algo juntos que não daria para ser feito independentemente.

Pessoas que fazem as mesmas coisas com uma mentalidade diferente

Uma boa colaboração também pode consistir em duas pessoas que atuam na mesma profissão, mas que trabalham de jeitos diferentes. Isso pode permitir que você entre em uma "batalha" criativa. Um cria algo e o outro complementa, e depois o primeiro responde a isso novamente. Justamente porque vocês trabalham com perspectivas diferentes, irão chegar no resultado final que não poderia ser alcançado se tivessem trabalhado sozinhos. Neste caso, é importante respeitar o trabalho do outro. Reconhecer o valor do complemento adicionado pela outra pessoa, para depois complementar também.

Fique atento com colaborações que são desiguais – por exemplo, se um for subordinado ao outro. Isso cria uma relação desequilibrada, gerando um 1+1=1. Outra situação indesejável é quando você pensa que está colaborando, mas faz tudo separadamente (1+1=1+1). Nesses casos, olhem nos olhos um do outro e talvez encerrem a colaboração.

Trabalhando com pessoas do outro lado do espectro

Você nem sempre terá a opção de terminar uma colaboração nos seus próprios termos. Algumas vezes é preciso colaborar com as pessoas com quem você não sente o mínimo de conexão. Complicado. Mas em vez de ficar um clima estranho, tente começar uma conversa. De preferência sobre algo que não envolva trabalho. Tentem almoçar juntos, tomar uma cerveja ou jogar tênis. Isso vai fortalecer o laço entre vocês.

Modelo para trabalhar juntos

	Mesma mentalidade
Fazendo a mesma coisa	Chato
Fazendo coisas diferentes	Faça!

Mentalidade diferente

Faça!

Hmm... por que faria isso?

Procure coisas que tenham em comum. Mesmo se forem completamente opostos, existe algo em comum: o projeto. Descubra o que levou vocês dois a aceitarem o projeto. Então vocês terão ao menos algo em comum sobre onde querem chegar.

Vocês provavelmente concordam com o fato de que a colaboração não é a ideal. A questão que agora precisa ser respondida é: como conseguir um bom resultado com isso? Desenvolvam um plano tendo isso em mente.

Primeiro, determine as qualidades que você e seu colaborador possuem, assim como as fraquezas, enquanto ele/ela faz o mesmo. Compare os resultados. Veja onde existem semelhanças e diferenças. Esse processo revelará por que a colaboração é tão difícil. Ao mesmo tempo, isso te dará uma oportunidade para investigar quais qualidades podem ajudá-los a chegar ao resultado desejado. Foque nisso.

E se nada disso ajudar… então não existe opção senão levar esse problema para seu chefe ou cliente e conversar a respeito. Faça isso quando tiver certeza de que não conseguirá resolver o problema, mas também antes das coisas piorarem. De qualquer forma, tente dialogar em conjunto. Nunca dá pra saber quando ou como você encontrará essa pessoa no futuro.

Trabalhando sozinho juntos

Não se perca em colaborações. Sempre continue a trabalhar independentemente assim que a colaboração acabar. Nada é mais inconstante do que o ser humano. Seu colega pode facilmente anunciar um dia: "Vou fazer algo diferente". Merda acontece.

Em outras palavras: nunca se deixe ficar dependente de alguém em uma colaboração. Continue seguindo o seu caminho e checando se a colaboração ainda está nos trilhos planejados. O método mais fácil para fazer isso é checar em cada etapa se a sua *hashtag* ainda se encaixa na colaboração.

A colaboração não serve mais para você? Então cada um

precisa tomar o seu rumo. Isso pode ser difícil, mas, se forem honestos, ambos saberão que não poderiam mais ser a melhor combinação. E se estiver aliviado, o outro também ficará... Em última instância, ninguém quer que a colaboração seja 1+1=-1.

Pôr fim a uma colaboração não envolve necessariamente uma briga. Pessoalmente, ainda sou amigo de pessoas com as quais trabalhei. Além disso, existem colaborações de diferentes formas. Não precisa encontrar um espaço comum desde o começo e compartilhar tudo. Na minha experiência, é melhor colaborar primeiro na base do projeto e ver onde isso te leva.

Um camelo é um cavalo desenhado por um comitê.
- Sir Alec Issigonis

O mito do brainstorming

O conceito de brainstorming foi introduzido na metade do século 20 por Alex Osborn, sócio de uma agência de publicidade famosa, a BBDO. Coloque 10 publicitários em uma sala e deixe as ideias fluírem. Isso trará muitas ideias em pouco tempo. Osborn se tornou famoso mundialmente por conta dessa técnica, que também foi adotada no mundo corporativo. Isso chegou até mesmo nas reuniões de conselhos.

Para que haja um bom brainstorm, é preciso estabelecer 2 acordos: 1) não existe ideia ruim; 2) fale o máximo de ideias que puder. Em essência, são esses os princípios. O problema com o brainstorm é que as pessoas acham que terão soluções imediatas.

Mas não é assim que funciona. Em um grupo, as pessoas com a voz mais alta irão dominar rapidamente a discussão, enquanto as ideias das pessoas mais quietas não serão ouvidas. E mesmo que a regra seja que não existem ideias ruins, as pessoas ainda tomam cuidado com o que falam, pois têm receio de se sentirem constrangidas. No entanto, essa técnica não é efetiva principalmente porque pessoas em grupos sempre têm mais medo de ideias realmente inovadoras. Aaron Levie, fundador da Box, uma vez resumiu isso de maneira linda em um *tweet*: "As pessoas reagem a ideias. Ideias ruins: 'isso nunca vai dar certo'. Ideias boas: 'isso pode dar certo'. Ideias excelentes: 'isso nunca vai dar certo'."

Em 1958, a universidade de Yale foi a primeira a testar como é um brainstorm produtivo. Um grupo de estudantes foi dividido em dois. Ambos os grupos tinham que encontrar uma solução para o mesmo problema. O grupo A tinha que usar os princípios do brainstorm, enquanto o grupo B precisava trabalhar numa solução de maneira independente. Como resultado, o grupo A trouxe um número maior de soluções, mas todas elas eram meio-termo. O grupo B trouxe soluções que eram muito mais inovadoras.

Fique dentro da caixa

Uma retórica comum durante um brainstorm é que todo mundo precisa pensar fora da caixa. O problema em sair da caixa é que as ideias não têm limites, e testá-las se torna até mesmo impossível. Como determinar se uma ideia é boa ou não?

Lembre-se do experimento do táxi, do começo deste livro. Se você disser "dirija para qualquer lugar", você vira uma folha ao vento. O mesmo serve para um grupo de pessoas: se não der nenhuma orientação, as pessoas ficam inseguras sobre onde devem ir. Sem nenhum requisito para o brainstorm, as pessoas vão pensar em uma ideia que – na melhor das hipóteses – todo mundo vai responder "pode ser".

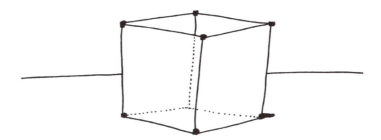

No livro *Dentro da Caixa*, os autores Drew Boyd e Jacob Goldenberg demonstram o poder de realmente pensar dentro da caixa. Encontre uma solução dentro das possibilidades e requisitos. Isso geralmente leva a uma ideia que pode ser executada.

Artistas trabalham melhor sozinhos. Trabalhe sozinho.
- Steve Wozniak

O que o brainstorm não leva em conta é o tempo que demora para desenvolver uma ideia. Ideias surgem em uma fração de segundo na nossa mente, mas precisamos de tempo para deixá-las amadurecer, testá-las, aperfeiçoá-las e aprimorá-las.

Se um músico afirma que um sucesso foi escrito em 2 minutos, ele ou ela esquece de mencionar que as ideias para aquela música estavam sendo processadas em sua mente por semanas, sem mencionar que a música é modificada inúmeras vezes após sua criação inicial.

Após uma hora de brainstorm, você pode ter até mesmo 200 ideias, mas todas elas ainda existem há no máximo uma hora e não foram tão desenvolvidas ainda. É por isso que o brainstorm é uma atividade divertida para desenvolver a equipe, mas não mais que isso.

Tente o *Brainhushing* (acelerar o cérebro)

Você quer ser capaz de passar a maior parte do seu tempo desenvolvendo suas ideias. É sobre isso que tratamos neste livro: ter certeza de que você não gaste muito tempo no que não interessa. O brainstorming é o contrário disso: é focado em manter o processo de formar ideias o mais curto possível para que você gaste mais tempo lidando com a confusão do dia a dia. Mas quem quer isso? Então, em vez de fazer um brainstorming, tente o *brainhushing*, que acelera o cérebro!

> **Eu costumava esvaziar o estúdio e jogar as coisas fora. Agora não faço mais isso. Um dia vou retomar um monte de becos sem saída que deixei para trás.**
> - Anish Kapoor

Você pode comparar o *brainhushing* com uma viagem de trem. Você encontra as outras pessoas em uma estação, onde todos pegam seu trem, mas estão todos de acordo sobre em qual estação irão se encontrar em seguida. Chegando lá, você encontra-os de novo e escolhem uma terceira estação juntos. E assim por diante, até chegarem na estação final do projeto.

Na prática, funciona assim: tenha uma equipe pequena com pessoas mais ou menos no mesmo nível de trabalho e de linha

PROJETO MAPA FERROVIÁRIO

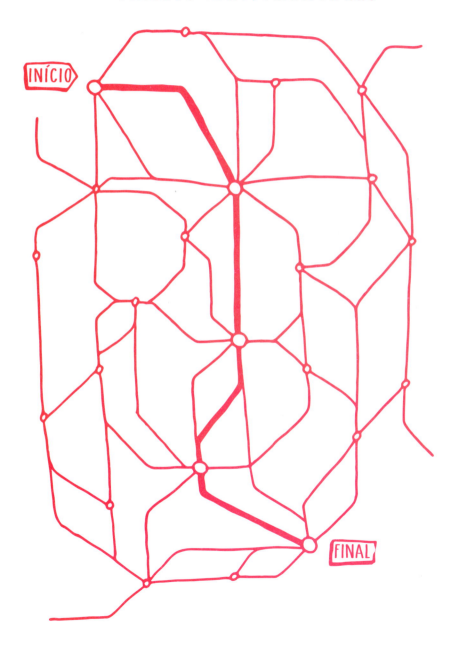

de pensamento. No ponto de partida, discuta o projeto, para o qual precisam ideias novas – algumas ideias preliminares vão surgir automaticamente durante a primeira discussão. Então entrem em um acordo sobre quando vão se encontrar novamente. Até você encontrá-los na próxima "parada", todos devem seguir o seu próprio caminho, pensando sobre as ideias do projeto.

Quando se reunirem de novo, deixe que todos apresentem as ideias e discuta a respeito. Como essas ideias requerem mais tempo para se desenvolver, você conseguirá ter uma conversa mais concreta sobre tudo. Depois, faça algumas escolhas (quais ideias ou princípios básicos devem ser usados no projeto) e continue o processo a partir deste ponto.

Mais tarde, todos podem refletir sobre o que foi discutido. Assim, você faz com que as ideias amadureçam ao seu devido tempo. A chance que alguém da equipe tenha uma ideia brilhante no dia seguinte – enquanto está na fila do supermercado – é bem alta. Assim, você cria uma base boa para um projeto. E quando a base estiver sólida é mais fácil continuar a criar.

Uma observação prática: é extremamente conveniente se os membros da equipe estão próximos fisicamente uns dos outros. Isso permite que todos possam se encontrar rapidamente e discutir os aspectos do projeto.

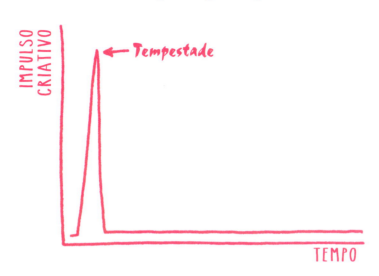

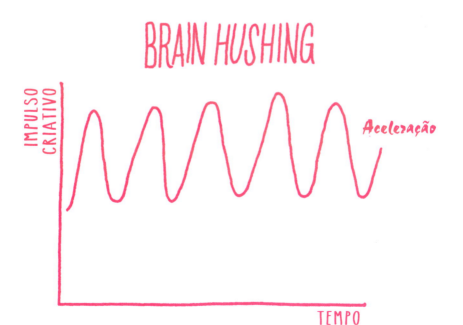

Um "não" proferido com a mais profunda das convicções é melhor do que um "sim" que foi dito para agradar, ou pior, para evitar problemas.
- Mahatma Gandhi

Diga não a Marcar Um Café (e muitas outras coisas)

Se não tomar cuidado, todo o seu dia vai ficar lotado de compromissos numa cafeteria. De alguma forma as pessoas sempre querem se encontrar para tomar um café. Mas antes você precisa chegar até lá, depois passar uma hora e meia batendo papo e, quando você voltar, já é a sua hora de almoço. E lá foi toda a sua manhã.

Por que dizer "não" é difícil, mas necessário

Dizer "não" para alguém que quer encontrar com você é complicado. Não é legal rejeitar alguém. Além do mais, as pessoas geralmente se referem a você como um conhecido, o que faz com que você diga "sim" como uma gentileza.

Por incrível que pareça, as pessoas não se sentem assim quando se trata de marcar para tomar um café. Essa dinâmica é semelhante a quando um cliente ou chefe pede para que você faça algo que você não está a fim de fazer. Mas vamos falar dos compromissos que envolvem café, por enquanto.

Se você lembrar todos os seus compromissos que envolveram um café, vai perceber que dificilmente algum deles se tornou algum tipo de colaboração produtiva. Isso acontece pois quem tem tempo para ir em cafeterias não está muito ocupado. A razão para o encontro – "para ver o que podemos fazer um pelo outro" – deveria ser entendida como "você tem algum trabalho de que eu poderia participar?" e não como "tenho projetos incríveis e sinto que poderia usar alguém como você".

Alternativas ao Vamos Tomar um Café

Em alguns casos, faz sentindo marcar e encontrar com a pessoa. Nunca se sabe como as conexões podem ser úteis ou inspiradoras. É igual àquelas festas em que você não quer ir, mas, quando vai mesmo assim, acaba sendo a melhor noite de todas. Não dá para prever essas coisas. É por isso que você encontrará a seguir algumas alternativas que ajudarão a economizar tempo.

Faça uma reunião durante o almoço

Quando eu tinha uma empresa de redes sociais com um amigo, o número de pessoas que queriam encontrar conosco para um café era tal que as coisas saíram de controle. Então a gente colocou um fim nisso. Se alguém quisesse marcar algo, nossa resposta padrão era "não", mas explicávamos o motivo: custava muito tempo para eles e para nós, já que achávamos que dava para usar melhor aquele tempo.

Por isso oferecíamos a seguinte alternativa: venha e almoce conosco no escritório. Você precisa comer de qualquer forma. A gente combinava nosso horário de almoço com os compromissos e não era preciso sair. Se não desse em nada, teria custado apenas alguns sanduíches e um copo de leite (um típico almoço holandês). Se desse em alguma coisa, então teríamos um almoço extremamente produtivo.

Beba café com várias pessoas ao mesmo tempo

Outra alternativa para o café é transformá-lo em um pequeno evento. Quando a gente promoveu uma ferramenta digital nova, convidamos cerca de 10 pessoas para ir em um lugar bacana. Assim dava para apresentar a ferramenta para 10 pessoas ao mesmo tempo em vez de fazer a mesma apresentação 10 vezes. E ainda era divertido para os convidados, pois conheciam gente nova também.

Marque de encontrar em um evento já agendado

A solução perfeita para pessoas que não querem ficar marcando coisas: encontre-se com os outros em algum evento ao qual você já iria de qualquer maneira. "Você também vai estar lá? Vamos nos encontrar lá, então!" Você passa cinco minutos conversando em um evento desses, em vez de uma hora inteira, caso tivesse marcado uma reunião. E se a conversa ficar interessante o suficiente, você pode marcar uma reunião para outro dia.

Não ligue pra gente. Ligaremos pra você

Caso tudo dê errado, você pode simplesmente explicar que está cheio de compromissos no momento. Peça para que te mandem um e-mail lembrando o que gostariam de conversar com você. Isso te dirá imediatamente o quão sério é o assunto para ele/ela. Se for algo vago, deixe para lá. Se você sentir que existe algo a ser desenvolvido, responda ao e-mail sugerindo uma data.

Quando dizer "sim"

Algumas vezes é importante marcar um café. Mas apenas se esse compromisso estiver de acordo com o caminho que você deseja traçar. Por exemplo, se for com alguém com quem você trabalha com frequência. Ou alguém com quem deseja trabalhar. Pergunte-se o seguinte: se eu marcar esse café na minha agenda, será que consigo adicionar minha *hashtag*? Se a resposta for "sim", então marque. Senão, ofereça uma alternativa.

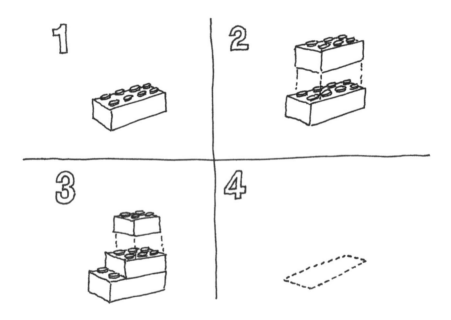

É apenas um trabalho

Agora que já chegamos a dois terços deste livro, você pode ter esquecido do que estamos falando. Somos pessoas criativas. Gostamos de fazer coisas e de pensar sobre as coisas. Sejam elas pinturas, histórias, fotos ou móveis. É isso que amamos fazer. Mas não se esqueça de que isso é apenas um trabalho. E trabalho – não importa o quanto você o ame – não deveria ser levado tão a sério.

Trabalho? É só uma brincadeira séria.
- Saul Bass

Claro que você pode trabalhar em algo seriamente. Mas ao mesmo tempo deve curtir um pouco também. Isso pode ser um pouco difícil de administrar nos momentos de preocupação e estresse. O trabalho não acaba. Os clientes ligam perguntando da demora e não estão felizes. Você começa a duvidar da sua criatividade e de si mesmo. Sente que sempre precisa trabalhar para que acabe logo. E quando você começa a resolver tudo, este livro te diz com todas as letras para você não fazer nada disso.

Reflita: "Isso é só um trabalho". O mundo não vai acabar se você perder o prazo, e ninguém vai morrer se não estiver perfeito. (Já perdi o prazo duas vezes para este livro e veja... aqui está você lendo ele).

Se der errado, deu errado. Aceite a situação. Determine o que for viável dentro das opções e do tempo disponíveis. Ou encontre outra solução, faça escolhas. Deixe para trás os assuntos menos relevantes. Isso funciona muito melhor do que concentrar toda a sua força para fazer tudo acontecer ao mesmo tempo. Isso geralmente resulta em fazer um pouco de cada coisa e não terminar nada – e isso causa estresse.

Nem tudo é para hoje
    Alguns clientes ligam para pedir algo de que precisavam para ontem: "Você pode largar tudo que está fazendo e começar agora?". Você faz, envia e não tem uma resposta.
    Três meses depois o telefone toca... "Temos alguns ajustes para a proposta que você fez". Isso significa que você teve três meses para fazer algo que se sentiu pressionado para terminar o quanto antes. Você até cancelou aquele encontro para poder trabalhar nisso... para nada. Você pode evitar esse tipo de situação se assumir o comando ao receber esse tipo de ligação e estabelecer uma data em que pode entregar o projeto. Você vai ver que geralmente o cliente vai concordar com o seu prazo.
    Um pedido com prazo para sexta à tarde também é estranho. O cliente só vai pedir isso para que possa começar o final de semana mais tranquilo. Você acha mesmo que o cliente precisa do seu trabalho em um sábado à tarde enquanto assiste futebol? Pergunte se ele precisa mesmo para o final de semana. Na maioria das vezes é suficiente entregar na segunda de manhã.

Tenha uma perspectiva descendente
    Se você for mais relaxado e flexível, verá que seus clientes também serão assim. Durante o processo criativo, as coisas mudam continuamente. Especialmente quando você está trabalhando com muitas pessoas. Mantenha o foco no projeto numa perspectiva mais ampla. Isso facilita a identificação do que é realmente importante. Se estiver muito focado nos detalhes, você perde o panorama geral e todas as coisas pequenas vão parecer importantes.
    Leve seu trabalho a sério, mas não demais. Procure um equilíbrio. Se não estiver dando conta no momento, então deixe como está. Deixe para lá. Amanhã é um novo dia. Não importa o que fizer, aprecie os momentos em que trabalha nos seus projetos.

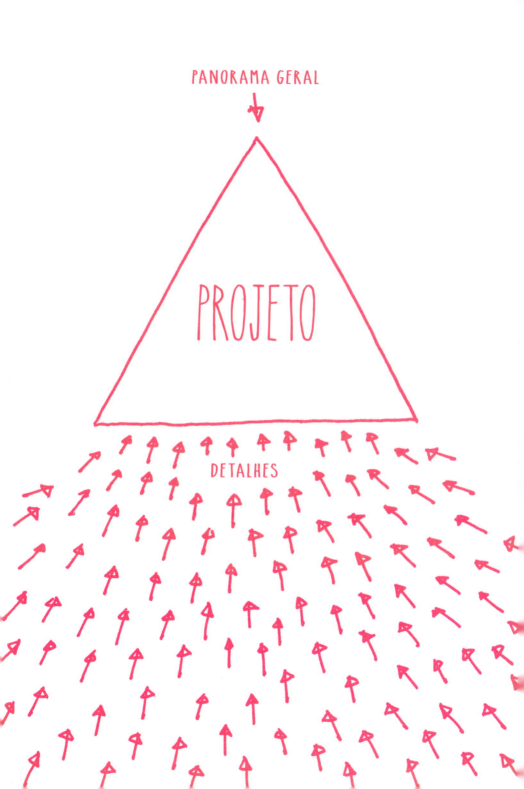

Vou trabalhar todas as manhãs com a possibilidade de aprender algo novo... Você deve olhar para cada problema e pensar: "O que posso aprender com isso?". E se acha que não pode aprender nada, então deixe para trás.
- Milton Glaser

Continue aprendendo, o fracasso faz parte

Fazer algo em que você seja bom todos os dias se tornará chato em algum momento. Isso acaba virando rotina, e é o oposto do que queremos aqui. As coisas permanecem interessantes enquanto você continuar a se desenvolver. Isso faz com que você continue vendo o trabalho com uma perspectiva nova.

O único jeito de aprender é errando. Você erra quando busca seus limites: o que é possível e o que estiver passando dos limites. Se cometer um erro, pode analisar o motivo e aprender como melhorar.

Isso pode levar um tempo, mas também garante que você se empenhe além de seus limites e comece a trabalhar de maneira mais eficiente.

Perfeição é superestimada, chata. São as imperfeições – as vulnerabilidades, as fraquezas, os elementos humanos – que nos fazem quem somos, que nos fazem reais, belos... necessários.
- Guy Harrison

Perfeito é chato

    Lembre-se de que coisas perfeitas também são extremamente enfadonhas. São justamente todas as imperfeições, aquelas coisas que não estão exatamente certas, que interessam. Um(a) modelo pode cumprir todos os requisitos de beleza, mas isso também faz com que ele/ela seja meio sem graça. Algumas vezes o problema é que não existe nada de errado com algo.

    Enquanto viajava pela China com a minha mulher, planejamos pegar um trem-bala confortável de uma cidade para outra. No entanto, decidimos trocar e pegar um trem normal. Ele demorou muitas horas a mais para percorrer a mesma distância, e os assentos eram bastante desconfortáveis. Foi um sacrifício, mas ao mesmo tempo tivemos uma experiência e tanto. Você aprende e vê tanta coisa em um trem local que anda mais devagar, muito mais do que se estivesse no trem-bala. Você sai de lá exausto, mas também terá ganhado 10 novas histórias.

Qualidade X Entrega

O que é mais importante? Cumprir o prazo ou garantir a melhor qualidade possível? Ambos, é claro. Mas algumas vezes é preciso escolher. Pode ser que não haja mais tempo para alcançar a qualidade que você desejava. Uma pena, mas não tem o que fazer: a qualidade será aceitável, mas não será seu melhor trabalho. Ou é isso, ou você tenta aumentar o prazo, o que deixará pessoas esperando. A escolha é sua.

Se eu tivesse mais tempo, então...

Algumas vezes entregar a tempo é mais valioso do que ter mais qualidade. Se continuar adiando, o processo pode se tornar infinito. E pode perder o ritmo. A relevância irá desaparecer. Em última instância, todos vão começar a fazer outras coisas. E você ainda estará tentando fazer tudo do jeito mais perfeito, quando não há mais necessidade para isso.

Você geralmente vai precisar entregar com a sensação de "se eu tivesse mais tempo, então teria feito...". Mas você não teve mais tempo. Seja realista sobre o tempo que possui e o resultado que deseja alcançar. É preciso ter um equilíbrio: não complique demais se tiver pouco tempo. Talvez possa criar uma solução única, mas que demore muito. Se não tem muito tempo, então não faça. Entregar uma solução pouco inovadora a tempo ainda é melhor do que nunca entregar algo brilhante.

Não é à toa que soluções simples não são piores ou menos inovadoras. Pode ser que, justamente por ter pouco tempo e simplificar o processo, você alcançará uma solução altamente inovadora. Mais tempo nem sempre significa um resultado melhor.

QUALIDADE X PRAZOS

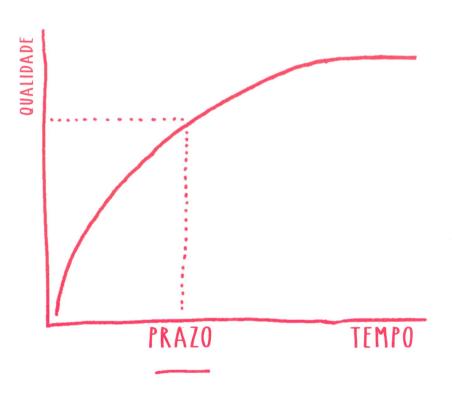

Às vezes é só um trabalho

Muitas vezes você terá boas ideias de que seu cliente não gostará. Não importa se for algo lindo ou uma apresentação convincente, algumas vezes os clientes simplesmente não concordam com as suas ideias. Isso pode levar muitas ideias boas a serem deixadas de lado, nas profundezas do seu estúdio ou do computador.

Geralmente você pode fazer duas coisas: 1) fazer uma apresentação ainda mais convincente, entrar em discussões e possivelmente abrir mão (ou perder) o projeto. Neste caso, isso tudo vai te custar muita energia e ninguém sai ganhando. Ou opção 2) você tenta explicar mais uma vez a sua ideia, se o cliente não quiser saber, deixe de lado seu ego criativo e faça o que o cliente quer, o mais rápido possível. Mande uma conta bem gorda. E use a energia e o tempo que sobrou para seus projetos de estimação. Em 90% dos casos, eu uso a opção 2.

Pegue o dinheiro e corra

Um professor na academia me contou que ele costumava ter duas agências. A primeira era para o que ele queria de verdade, onde fazia os projetos que achava interessantes. A agência 2 era chamada NLZV, que é uma expressão holandesa para "Niet Lullen, Zakken Vullen", que significa algo como "Cale a boca e ganhe dinheiro". Com a NLZV, ele fazia tudo que desse dinheiro. Ele continuou até ter projetos que pagassem bem na primeira agência, para poder se livrar da NLZV. A propósito, nunca perguntaram o significado da sigla.

Nem tudo que você fizer precisa ser um livro de design ou um museu. Alguns projetos você só aceita porque eles pagam o aluguel. E não há nada de errado nisso. Pegue o dinheiro e corra!

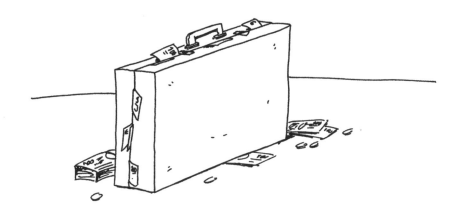

Projetos:
Esqueça o supérfluo

Você sabe o que quer e tem um plano. A parte final deste livro te ajudará a lidar com projetos de maneira mais eficiente, deixando para trás o que for possível. Isso aumentará as chances do seu projeto decolar.

Primeiro é preciso decidir quais projetos você irá – e não irá – desenvolver.

A Lista Do Que Fazer e Do Que Não Fazer

Pessoas criativas eram, na maioria das vezes, pessoas que trabalhavam com uma comissão. Atualmente, as pessoas criativas estão cada vez mais se tornando empreendedores. Começam seus projetos próprios em vez de esperar por uma comissão. Esse tipo de projeto pode formar uma fonte direta de renda, mas também serve como vitrine para clientes em potencial.

Nem toda pessoa criativa tem o sangue empreendedor. Se quiser começar seu projeto, saiba onde está se metendo. Se não souber, provavelmente vai se ver ocupado com coisas com as quais não quer gastar seu tempo. Ou pode acabar fazendo muitas coisas ao mesmo tempo – e nada é concluído.

Para determinar se aceita ou não um projeto, responda às perguntas a seguir. Respondeu "não" para alguma delas? Então coloque esse projeto na sua Lista Do Que Não Fazer. Mesmo se for uma ideia boa. E isso serve tanto para projetos que você começou por conta própria como para iniciativas para as quais você foi solicitado.

1- Você acredita nisso?

A pergunta mais importante que deve sempre ser feita é se você acredita mesmo no projeto. Isso significa fazer duas perguntas:

1) você acredita que esse projeto tem a chance de dar certo?
2) você conseguirá trabalhar nesse projeto com dedicação total?

Se não ganhar nada com esse projeto e ninguém nunca usá-lo ou olhar para ele, você ainda o faria? Não precisa pensar muito na sua resposta. Seu instinto te dirá imediatamente. Se a resposta for "sim", continue. Se for "não", coloque essa ideia na Lista Do Que Não Fazer antes que as coisas tomem um rumo.

→ Sim: continue/Não: Lista Do Que Não Fazer

2- Seu projeto se encaixa na *hashtag*?

Na primeira parte do livro você definiu sua própria *hashtag*. Uma "etiqueta" do que deve ser colocado em tudo que fizer. Escreva o título do seu projeto e escreva sua hashtag atrás dele (veja também "Qual a sua *hashtag* na página 49"). Eles fazem sentido juntos? Se sim, continue.

→ Sim: continue/Não: Lista Do Que Não Fazer

3- Você faria uso do seu projeto?

Você pode acreditar no seu projeto, mas você também faria uso dele? Dependendo do que estiver planejando fazer, você leria, gostaria de ver, tocaria, escutaria aquilo? Se sua resposta for "não", por que mais alguém vai querer então?

Uma moça solteira uma vez me perguntou se eu gostaria de colaborar no desenvolvimento de um site de namoro para pessoas criativas. Então perguntei a ela: "Você percebeu que queria essa opção ao usar um site de namoros comum?". E ela respondeu indignada: "Eu nunca usaria um site de namoros!". Seria difícil fazer com que esse site fosse um sucesso, creio eu. Você precisa acreditar que alguma coisa está faltando, caso queira preencher essa lacuna de maneira que funcione. Sua experiência com o problema também garante que você saiba o que fazer para resolver os problemas.

Claro que estou feliz que você esteja lendo este livro e espero que goste dele. Mas também estou escrevendo para mim mesmo. É algo que eu leria. Já li muita coisa em livros e blogs sobre criatividade e produtividade. Mas nenhum deles me ajudou a lidar com o problema de ter muitas ideias e a falta de tempo para organizar tudo. Eu tenho uma vida confortável como designer, mas não sou alguém tão famoso e conhecido como se estivesse em uma agência de publicidade de grande porte. Todos os dias eu saio do meu estúdio e vou trabalhar. É assim que funcionam as coisas para as pessoas criativas independentes. Minha realidade é querer escrever um livro e ler a respeito disso também. Então, sim, eu leria este livro!

→ Sim: continue/Não: Lista Do Que Não Fazer

4- Você tem tempo para se dedicar ao projeto?

Se não tiver tempo, não existe motivo para começar um projeto novo. Você acabaria fazendo um projeto que está na sua lista e na sua mente, mas não em sua agenda. Você nunca conseguiria trabalhar nele, o que levaria à frustração e à insatisfação. Você tem pouco tempo para se dedicar a ele? Então precisa se perguntar se realmente quer fazer isso, já que seu projeto só terminará mais tarde e, portanto, terá perdido o ritmo.

Você tem tempo suficiente para trabalhar a sério neste projeto? Ou está disposto a deixar outros projetos de lado na sua Lista Do Que Não Fazer?

→ Sim: continue/Não: Lista Do Que Não Fazer

5- Consegue fazer por conta própria?

Você conseguiria executar essa ideia por conta própria? Se sim, continue. Se não: será que consegue juntar as pessoas que possuem as habilidades necessárias e que estejam prontas para dedicar o tempo delas em um projeto com o mesmo nível de dedicação que o seu (veja o capítulo "Trabalhando Juntos" na página 89)? Se a resposta ainda for "não", o que você conseguiria mudar na ideia e no projeto para que consiga desenvolvê-lo sozinho?

→ Sim: continue/Não: Lista Do Que Não Fazer

6- Existe um mercado (e quem é o seu mercado)?

Essa pergunta é complicada. Claro que você poderia dizer que usaria o seu produto – mesmo que ninguém usasse – e valeria a pena fazer o projeto. No entanto, as pessoas criativas geralmente também fazem coisas para que os outros vejam (ou leiam, ouçam, usem, etc). Portanto, para conseguir responder realmente essa pergunta, é importante saber quem mais, além de você, faria esse projeto. E então se questione se essas pessoas gostariam de verdade do que você planeja fazer.

→ Sim: continue/Não: Lista Do Que Não Fazer

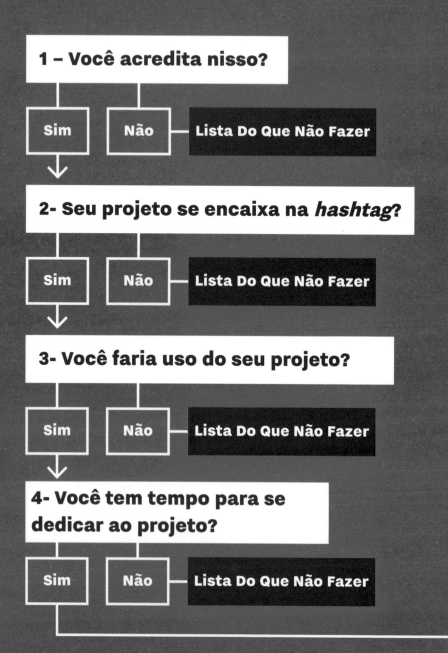

7- É divertido?

A pergunta final talvez seja ainda mais importante do que a primeira: é divertido? Não importa quão entusiasmado você esteja, quão perfeitamente o projeto se encaixe na sua *hashtag*, quanto precise dele ou como o mercado é ótimo para isso – é necessário que também seja divertido. Se não consegue apreciar algo com que trabalha, você ficará preso em uma rotina muito rapidamente. E quando algo vira rotina, começa a custar uma quantidade enorme de energia e tempo. Melhor garantir que você descubra um jeito de sempre encontrar prazer e satisfação no que está fazendo.

→ Sim: continue/Não: Lista Do Que Não Fazer

Não desista de tentar fazer o que realmente quer. Quando há amor e inspiração, acredito que não tem como dar errado.
- Ella Fitzgerald

Vai ou Racha

O ponto em que não há mais volta

O projeto pode cumprir todas as condições da Lista Do Que Não Fazer e da Lista Do Que Fazer, e ainda não ser viável. Se for o caso, é melhor descobrir isso a tempo – antes que tenha passado do ponto em que não há mais volta. É o momento em que você já dedicou muito tempo, energia e talvez muito dinheiro para justificar interromper o projeto. Sua única opção é continuar, na expectativa de que possa ser um sucesso no final das contas.

Se for tarde demais, é preciso persistir. E quando precisar fazer algo, o fator da diversão será substituído pelo de estresse. Assim, é sempre sensato incorporar momentos de Vai ou Racha ao longo do desenvolvimento da sua ideia. São momentos em que você olha para si mesmo e fala: "Se parar agora, tudo bem".

Teste o seu projeto compartilhando-o

O primeiro momento Vai ou Racha pode acontecer no começo do seu projeto. Faça um rascunho simples (ou um esboço) da sua ideia e teste-a compartilhando com outras pessoas. Se as pessoas entenderem a sua ideia apenas com um rascunho simples e ficarem empolgadas com ela, então você sabe que pode ter algo a ser desenvolvido.

Ideias são o conhecimento livre
- Paul Arden

Os cínicos afirmam que não se deve compartilhar uma ideia, pois os outros podem roubá-la. E daí? Nenhuma ideia é 100% sua. Todas as ideias vêm de outras. No entanto, você é o pai ou a mãe da sua ideia. Isso significa que ela tem um DNA. Se alguém quiser roubá-la, não conseguiria levar o DNA junto.

Veja da seguinte forma: imagine que alguém vai embora com a sua ideia e a transforma em um sucesso, enquanto você continua arrumando as coisas. Então você pode ter uma ideia boa, mas aparentemente não possui (ainda) todas as habilidades para executá-la. E além disso, ideias parecidas aparecem em lugares diferentes ao mesmo tempo, sempre. Parece que elas ficam flutuando, pairando pelos ares.

A razão mais importante para não desenvolver suas ideias a quatro paredes e a sete chaves: como as outras pessoas podem te ajudar? Se souberem no que está trabalhando, podem te colocar em contato com pessoas que podem dar um *feedback* positivo ou sugestões para o seu projeto. A chance de isso acontecer é muito maior do que a de roubarem a sua ideia.

Um grupo seleto de pessoas que contribuem e dão um *feedback* é algo valioso. As sugestões também podem ser questionadoras, mas isso só pode melhorar a sua ideia. E te ajuda a prever como seu projeto será recebido quando lançado. Este livro também foi feito com muito *feedback* e ajuda de outras pessoas. Não há nada de errado com isso.

Quer fazer um *pitch*? As redes sociais oferecem uma plataforma excelente para isso. Faça um esboço ou um texto curto e poste na rede social que achar mais adequada. Pergunte se entenderam a ideia e o que acharam dela. Assim você pode coletar um *feedback* valioso, de maneira rápida. Se ninguém responder, você também já sente o clima.

Tudo bem desistir

Existe uma cena famosa no filme *Em Busca do Cálice Sagrado*, do Monty Python, em que dois cavaleiros lutam. Um corta o braço do outro e diz:

"Agora levante-se, digno adversário."

"Foi apenas um arranhão."

"Arranhão? Seu braço caiu."

"Não caiu, não."

"O que é aquilo, então?"
"Já aconteceu coisa pior comigo."
"Mentiroso!"
"Pode vir, seu frouxo!"

E o cavaleiro com um braço só continua a lutar. O braço direito dele também é cortado, mas em vez de se entregar ele começa a chutar. Então as pernas dele são cortadas, resultando em um torso com uma cabeça, jogado no chão gritando: "Volte aqui! Vou morder sua perna até ela cair!".

Se não desistir no primeiro contratempo, você possui um traço de caráter valioso. Mas não precisa terminar tudo o que começar. Não tem problema desistir das coisas, às vezes. Insistir quando todos já perceberam que não estava dando certo demonstra mais uma falta de visão do que decidir abandonar algo de cabeça erguida. E isso pode ser muito libertador. Se fizer isso, você levará essa experiência consigo – para um novo projeto.

Neste ponto, pode parecer que estamos fazendo todo o possível para mover os projetos e ideias para a Lista Do Que Não Fazer. E sabe do que mais? É isso mesmo! Ao sujeitar ideias ao ridículo, você garante que não se envolverá com projetos que no final das contas não valem a pena. Vão sobrar algumas ideias muito boas para você dedicar o seu tempo.

Visualizar deixa tudo mais fácil

É provável que você passe muito tempo discutindo projetos antes de fazer algo com relação a eles. Sem concluir. As pessoas criativas geralmente têm uma tendência a ser assim. O perigo de muita conversa é que você nunca tem certeza de que todos estão falando da mesma coisa. Podemos falar sobre como fazer algo com a "forma de um quadrado" por dias, mas, enquanto falarmos sobre isso, não ficará claro como será o resultado final. Não é muito útil para você, e certamente não é também para as pessoas em sua equipe ou seus clientes. É por isso que você deve tornar as ideias em algo visual o mais cedo possível. Assim, pelo menos você terá algo tangível para falar.

Faça esboços, não fale!

Para tornar algo visual, você não precisa fazer um desenho de alta qualidade ou uma impressão do Photoshop. Haverá tempo para isso mais tarde. Basta começar com alguns esboços básicos. Algumas linhas simples logo esclarecerão para todas as partes se a "forma quadrada" é um cubo, apenas um quadrado ou alguma outra forma com ângulos retos.

Os esboços não são feitos em um computador, mas à mão. Isso é de longe o mais rápido também. Não acredita? Vamos fazer um teste. Verifique a hora no seu relógio. Encontre seu computador, inicie um programa de desenho, selecione uma ferramenta de desenho e "esboce" um quadrado. Agora verifique a hora novamente. Quanto tempo isso levou? Agora pegue uma folha de papel e um lápis e veja quantos quadrados você pode desenhar no mesmo período de tempo.

Visualize toda a ideia que se apresenta para você. Enquanto estão em sua cabeça, elas permanecem como fragmentos soltos. Assim que desenhá-las, você verá imediatamente se funcionam. E você frequentemente tropeçará em novas ideias – que não descobriria se tivesse usado seu computador para transformar imediatamente uma ideia vaga em detalhada. O croqui permite explorar rapidamente várias direções diferentes, o que também ajuda a descobrir o que Vai e o que Racha.

→ Esboços feitos no computador em um minuto, resultados chatos

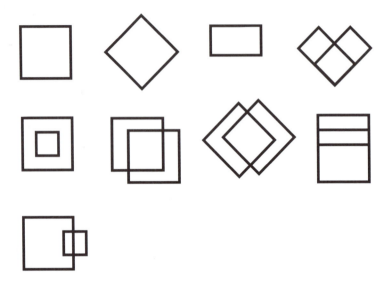

→ Esboços feitos à mão, no mesmo período de tempo, muitas opções diferentes

Nada é mais perigoso do que uma ideia quando é a única que você tem.
- Emile Chartier

"Não consigo fazer um esboço" – "Ah, consegue sim!"

    Você tem uma folha de papel (um caderno, uma A4, o verso de uma carta, um guardanapo, uma bolacha de cerveja, a própria mesa, se necessário)? Você tem algo com que desenhar (caneta, lápis, batom, qualquer coisa que esfregue a cor)? Você pode segurá-lo? Se necessário, com a boca ou os pés?

    Sim? Três vezes "sim"? Então você pode esboçar. Qualquer pessoa (até mesmo um eventual animal) é capaz de segurar um lápis e desenhar uma linha em um pedaço de papel.

Evidentemente, é mais fácil para alguns do que para outros. Mas todos nós conseguimos anotar algo no papel.

Deixe de lado a ideia de que seu esboço deve se parecer com aqueles desenhos impressionantes que os artistas fazem nos cadernos da Moleskine. Um caderno bonito pode ter um efeito sufocante. Imediatamente coloca uma pressão sobre você: os esboços têm que ser tão perfeitos quanto o próprio caderno. E isso não é necessário. Todos os seus esboços têm que refletir vagamente as ideias que você tem em sua cabeça. Então não precisa comprar uma caneta artística ou um belo caderno de desenho. Basta pegar uma folha grande de papel e um lápis, ou um marcador grosso, e desenhar.

Tamanho importa

Quanto mais espesso o marcador, melhor. Se você usar um de linha fina de 0.01, rapidamente se verá fazendo desenhos complicados. Eles não serão úteis nesse momento. Uma caneta grossa não permitirá que você se desvie em detalhes, que ainda não são relevantes nesse estágio. Prefira o maior. Há tempo suficiente para refinar mais tarde.

Primeiro faça algo.
Então podemos falar sobre isso

Eu vou saber quando vir!

Pessoa Criativa: "Que tipo de solução criativa você está procurando?"

Cliente: "Eu não sei. Você é o criativo aqui."

Pessoa Criativa: "Sim, mas seria muito útil se você pudesse me dar algumas dicas sobre o que você tem em mente."

Cliente: "Bem, eu saberei quando vir."

Você não será a primeira pessoa criativa a iniciar um projeto assim: com um cliente que deseja algo, mas não sabe o que é (ainda). As pessoas precisam de algo para dizer "sim" ou "não". Eles não sabem o que querem (ou não querem) até verem o seu *briefing* – ou pior, o seu trabalho finalizado. Eles não percebem que muito tempo já foi investido nesse ponto.

Por isso, é importante ajudar seus clientes a definir o que desejam. Você pode fazer isso permitindo que eles façam escolhas. Por exemplo, organize um workshop para ajudá-los a determinar a direção do projeto em conjunto.

Aqui está uma conversa inicial para um cliente que realmente não tem ideia do que deseja: desenhe um quadrado e um círculo em um pedaço de papel. Ele não precisa ficar bom, basta desenhar um quadrado e um círculo. Pergunte ao seu cliente qual a melhor forma de representar a identidade da empresa. E então pergunte a ele por quê. Esta é uma maneira de demonstrar ao cliente que ele, mesmo sem ter visto o resultado final, é capaz de indicar uma preferência por uma direção ou forma. É um truque simples, mas faz com que você inicie rapidamente a conversa. Mais tarde, é possível mostrar duas coisas relacionadas ao projeto e discutir qual delas é a que combina mais. E qual poderia ser a alternativa.

Painéis semânticos vão salvar o dia

Depois de ter completado os primeiros esboços básicos, o próximo passo é fazer um painel semântico. Costumávamos fazer isso revirando revistas incessantemente e depois navegando na internet. Hoje você pode usar o Pinterest para criar um painel semântico rapidamente. Você pode criar um para o cliente ou em colaboração com ele. É uma boa maneira de envolver seu cliente no processo e isso limita muito a chance de ele rejeitar o trabalho que você fez para o projeto em um estágio posterior.

Geralmente tendemos a fazer um painel semântico refletindo "o que deveria ser". No entanto, pode ser surpreendentemente eficaz fazer um painel que reflita "o que não deveria ser". Dessa forma, os dois lados da moeda ficam visíveis, fazendo com que todos estejam na mesma página.

Quer melhorar ainda mais o seu painel semântico? Faça o seguinte:

→ Escolha um projeto para iniciar e faça dois painéis semânticos no Pinterest.
→ Primeiro, considere o painel sobre "O que deveria ser". Quais são as semelhanças entre as imagens? Faça uma lista.
→ Faça o mesmo para o painel sobre "O que não deveria ser".
→ Seja crítico e veja o que pode passar da placa "O que deveria ser" para a placa "O que não deveria ser". Deixe de lado o máximo possível.
→ Agora você capturou a essência do processo.

Disparador de conversa

O quadrado representa melhor a identidade da empresa?

↓

Por quê?

Ou um círculo se encaixa melhor no seu plano de negócios?

↓

Por quê?

Trabalhe em círculos

Quando ainda era estudante na escola de arte, meu professor Petr van Blokland nos ensinou algo sobre processos de design que eu ainda utilizo hoje. Eu compartilho isso com meus próprios alunos na academia de arte onde leciono.

O processo linear (de design)

Muitos estudantes (e, surpreendentemente, também profissionais) enxergam o processo criativo como uma linha reta. Começamos em A ("a ideia") e então prosseguimos para B ("o resultado final"). Nós fazemos algo e é isso.

Um processo linear como esse também forma automaticamente a linha do tempo para o projeto: Semana 1, estamos aqui. Semana 2, chegamos lá. A Semana 3 marca a linha de chegada. Isso parece bastante simples e é fácil de explicar para seus professores ou clientes.

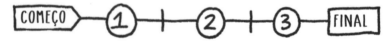

O perigo é que você pode começar a pensar: "Esta semana só precisaremos ter uma ideia". E "na próxima semana vamos focar no desenvolvimento dessa ideia". Afinal, é assim que é refletido no planejamento. Mas e se o planejamento não corresponder com a realidade? Trabalhar na sua ideia e colocá-la em foco poderia levar muito mais tempo do que a duração que você programou. De experiência, eu sei que os alunos discutem incessantemente a ideia deles.

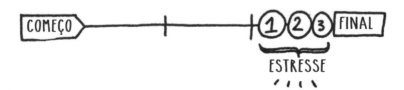

Quando a ideia finalmente tem uma base sólida, o tempo que resta para a execução é limitado. Talvez a execução seja excepcionalmente complexa. Ou você é dependente de outras pessoas, que não estão disponíveis durante esse período específico. Talvez você tenha simplesmente pouco tempo. De qualquer forma, você não vai fazer isso e seu cronograma cuidadosamente pensado entra em colapso. E isso te deixa sem saída.

Mesmo se todo o processo seguisse o planejamento, você ainda teria que esperar até o final do processo para ver o resultado. E você não poderá julgar se funciona ou não até esse momento. Espero que você ache que funciona, porque nessa etapa você passou o ponto de não ter volta. Não há caminho de volta e o tempo acabou.

O processo linear pode ser muito simples, mas é também extremamente frágil. Uma vez tive um aluno que começou a trabalhar em um cartaz enorme, cobrindo com figuras meticulosamente desenhadas à mão. A ideia parecia tão boa. Mas depois de uma semana ele estava apenas na metade. E quando ele finalmente terminou o trabalho uma semana atrasado, não tinha saído do jeito que ele imaginou. Ele tinha passado o ponto de não ter mais volta no momento em que começou a desenhar o pôster. O resultado: duas semanas de tempo perdido e não havia mais tempo para fazer algo novo.

O processo circular (de design)

Comece com pouco

O que esse estudante poderia ter feito? O truque é trabalhar em círculos cada vez maiores, do mesmo jeito que uma árvore cresce. Uma árvore grande não cresceu ao espalhar um monte de raízes no chão e, em seguida, ao deixar um tronco grosso emergir, para depois acrescentar os ramos e as folhas. Uma árvore começa como uma versão minúscula, já contendo as obras: raízes, tronco, galhos, folhas. A árvore já está lá, não tão grande. Mas você tem uma ideia do que ela poderá vir a ser.

Entre a ideia e o produto final, o processo pode levar três semanas, mas poderia levar três meses, três dias ou três anos. Você pode até passar pelo processo em três minutos: esboça algumas opções, escolhe uma e "finaliza" o máximo que puder, de acordo com o pouco de tempo que restou. O resultado final desses três minutos poderia ser um esboço claro ou um pequeno modelo, por exemplo.

Este método requer que você trabalhe de forma rápida e grosseira, deixando muitos detalhes e forçando-se a fazer escolhas essenciais. É por isso que esses três minutos vão dizer muito sobre o processo global: não apenas como será o produto final, mas também quais armadilhas é provável encontrar ao longo do caminho. Caso a ideia não dê certo ou não seja executável, então só terão passado três minutos, o que te dá bastante tempo para recomeçar e experimentar outras possibilidades.

É claro que você pode aplicar este princípio em diferentes prazos, passando de rodadas muito curtas a mais longas. Após os primeiros três minutos, você pode ter um número de esboços. Depois de uma rodada de três horas, pode ser que você tenha um modelo de esboço. Depois de três dias você poderia ter um número de protótipos, e depois de três semanas você terá um resultado sem qualquer estresse. O grande benefício de trabalhar em círculos: após esses primeiros três minutos, você já pode discutir o projeto com seu cliente ou professor. E depois de alguns dias você conseguiria ter alguns protótipos para apresentar.

Quando você trabalha em círculos cada vez maiores, você tem muito mais espaço para experimentar e testar as coisas. Dessa maneira, você descobre o que fazer e o que não funciona. Em cada uma das rodadas seguintes, você traz junto sua experiência da rodada anterior.

O modelo do funil

Claro que você não precisa se limitar a experimentar apenas uma ideia. O modelo de funil pode ajudá-lo a experimentar quantas ideias quiser e ajuda a encontrar a melhor. É como um concurso de talentos das suas próprias ideias. Você filtra como se estivesse usando um funil: joga várias dentro e finalmente chega à melhor ideia.

Se você efetuar todo o processo circular para três minutos, você pode, em teoria, percorrer todo o processo vinte vezes no período de uma hora. Essas rodadas vão render boas ideias e algumas menos significativas, mas como estarão todas na sua frente, você vai ver facilmente quais podem ou não funcionar. Ou você pode ver que duas ideias podem coexistir se você combiná-las.

Por exemplo, você pode selecionar seis ideias e executar todas elas – desta vez, ao longo de um período de três horas. Em seguida, você pode avançar para comparar os resultados e fazer uma seleção sobre o que pode elaborar ainda mais. Em cada rodada você dedica um pouco mais de tempo para este processo.

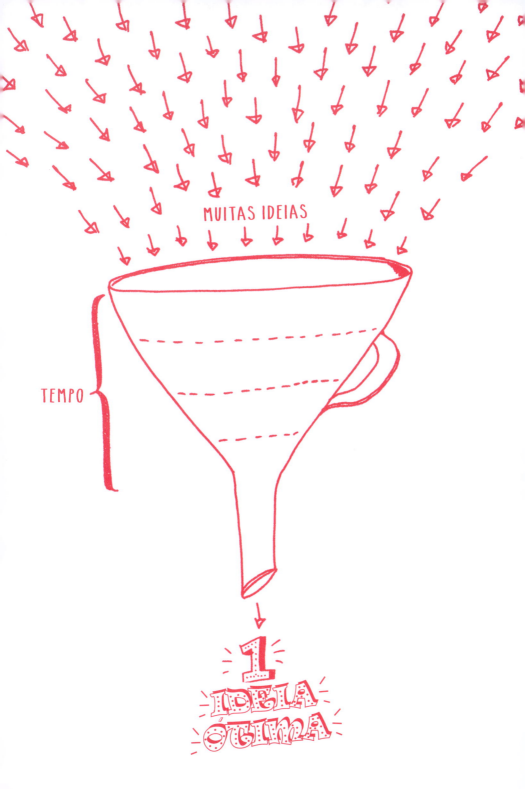

Você notará que suas ideias vão começar a influenciar umas às outras, talvez misturando-se em um conceito. Em última análise, você vai acabar com uma ideia ótima.

Comece com o óbvio

A beleza de reduzir o processo a apenas alguns minutos é que isso te força a simplificar tudo. Talvez isso faça com que você comece com uma solução bastante óbvia – mas não há nada de errado com isso. À medida que os círculos se tornarem maiores, você será cada vez mais capaz de se apropriar deles.

Não tente ser original. Apenas tente ser bom.
- Paul Rand

É incrivelmente sufocante evitar tudo o que possa ser óbvio ou clichê. Se acha que seu trabalho precisa ser único e original, você exerce uma enorme pressão sobre si mesmo. Basta esboçar os clichês que se apresentam instantaneamente e, pelo menos, você os terá tirado da cabeça em um primeiro momento. E quem sabe onde eles vão te levar?

Sem complementos, mas com saídas

Se você alguma vez organizou uma festa, sabe o quão complicado é fazer a lista de convidados: realmente deveríamos convidar a tia estranha, mas se o fizermos, também deveremos convidar o tio irritante com suas piadas estúpidas. E se nós o convidássemos, seria rude não convidar Fulano e Beltrano.

Antes que você perceba, sua festa está cheia de pessoas que você nem gosta. A solução é óbvia: se você não convidar a tia estranha, você será instantaneamente poupado de todas as outras pessoas também.

Remover a complexidade

Quando criamos algo, rapidamente tendemos a acrescentar coisas. Se fizermos isso, deveríamos acrescentar isso. E aquilo também! Mas qualquer coisa que você adiciona imediatamente traz um conjunto de questões a serem consideradas. E estas, mais cedo ou mais tarde, também acabarão na sua lista de tarefas. Quanto menos você adicionar, menos trabalho extra terá para fazer.

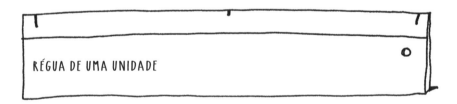

Menos = menos

Quanto mais você adicionar, mais elos existem para a cadeia. Quanto mais elos você tiver, maior a chance de que alguém destrua tudo. Ou, em outros termos: é mais difícil equilibrar dez bolas do que duas.

Quanto mais você deixa de fora, mais fácil se torna lançar um projeto. Por exemplo, nosso aplicativo ToDon'tList foi relativamente fácil de fazer porque deixamos de fora tantos recursos quanto foi possível. Esse princípio também se aplica a outros fatores, como o tamanho da equipe. Custa mais esforço manter todos os membros de uma grande equipe produtiva porque essa equipe contém mais elos, mais opiniões e, portanto, mais problemas. É por isso que as grandes empresas costumam ser tão burocráticas. Uma maneira mais eficaz é colocar seu projeto em funcionamento sozinho (ou com uma equipe pequena) primeiro. Você sempre pode decidir fazer melhorias depois.

Qual é a versão mais básica?

Sempre se pergunte qual é a versão mais simples do que quer fazer. Qual é a versão mais enxuta do produto? Faça uma lista de tudo o que você deseja que o produto faça ou contenha. Em seguida, escolha três coisas que são realmente necessárias. Isso pode ser difícil de fazer (deixe o painel semântico ajudá-lo), mas este é o caminho para chegar à essência do seu produto. Em seguida, trabalhe nesses aspectos necessários e coloque o resto em sua Lista Do Que Não Fazer por enquanto.

Aqui vemos a recorrência da questão: Você opta por qualidade ou entrega (veja também a página 114)? Você pode trabalhar infinitamente para alcançar a versão mais completa e depois testar o que todo mundo pensa dela. Mas você também pode lançar a versão mais básica e ajustar e complementar essa versão com base na experiência e no *feedback*. Talvez o *feedback* que você receber mostre uma direção completamente diferente – uma que você não poderia ter previsto se não tivesse lançado o produto em um estágio inicial.

Dê a si mesmo algumas regras

Você também pode escolher se dar um conjunto de regras, dentro do qual você precisa encontrar uma solução. Tais limites impostos por nós mesmos obrigam a fazer escolhas e permitem que você se aproxime das opções que tem de forma muito mais criativa.

Se definir regras para si mesmo, não precisará considerar mais várias perguntas. Imagine que tenha definido a regra de que a única cor que você vai usar é vermelha. Então você não precisa mais pensar em cores. Ou qual material usar, ou quais ferramentas. Você não só poupa tempo como também se desafia a encontrar novas possibilidades dentro dos limites de suas próprias regras.

Matthew Herbert é um conhecido DJ e produtor britânico. Ele é famoso por sua música eletrônica experimental, pela qual mostra principalmente os sons dos objetos. O site dele lista quais materiais ele usa para cada música: "71 cópias do jornal The Sun, 1 McFish, uma pessoa sendo cremada, uma dúzia de ovos orgânicos, um clube cheio de pessoas se beijando". Herbert explicou em uma entrevista que você pode fazer qualquer som que quiser quando tem um estúdio com equipamentos eletrônicos abrangentes – mas isso fica mais interessante se você decidir não usar esse equipamento. Então, é preciso procurar outras possibilidades para obter o som desejado.

Eu posso fazer música com uma banana, com o David Cameron ou com a Bélgica.
- Matthew Herbert

Seja um anarquista

Quando existem regras, mesmo que sejam suas, é claro que você pode quebrá-las.

Por um tempo, eu fazia parte de um clube de culinária que estabelecia um limite diferente para cada sessão. Por exemplo, todos os pratos devem ser amarelos. Ou, cozinhe uma refeição de três pratos por R$ 3 por pessoa. Se precisa cozinhar três pratos por R$ 3, você pode procurar os produtos mais baratos. Mas você também pode cultivá-los sozinho. Algumas sementes de vegetais custam praticamente nada. E não havia nenhuma regra especificando que não poderia cultivar sua própria comida. A questão é: procure as brechas.

Quando comecei a escrever este livro, uma das minhas regras era: não ter citações de Steve Jobs. Claro, um livro como este pede citações do fundador da Apple. Mas, evitando expressamente, você acaba descobrindo outras pessoas com ideias interessantes. Ainda assim, incluímos uma citação do cofundador Steve Wozniak (página 99), como não havia regra sobre outras pessoas da Apple – e eu gostei de citar o homem que vive na sombra de Steve Jobs uma vez.

Saiba abrir mão

Em teoria, tudo parece bastante simples, mas abrir mão o máximo possível nem sempre é assim tão fácil na prática.

Não existe algo simples. Simples é difícil.
- Martin Scorsese

Quando terminei a primeira versão deste livro, ele consistia em mais de 45 mil palavras. No entanto, o acordo com o editor tinha sido de que o livro teria 22 mil palavras. Isso significava que mais da metade de todos os meus escritos tinham que ir para o lixo. Com base no *feedback*, comecei a remover todas as seções que não estavam diretamente ligadas ao gerenciamento do tempo. Para ser justo, poderia nunca ter feito isso se não houvesse um limite de palavras. Esse limite, muito possivelmente, salvou o livro (e, de outro modo, minha esposa o salvou, já que ela editou o livro esplendidamente).

Eu tento deixar de fora as partes que as pessoas pulam.
- Elmore Leonard

TO DON'T LIST - APP

prioritet level

TO DO - PROJECTS
- ☐ .... #
- ☐ .... #
- ☐ .... #

Focus ← antal projects - max 5

Set up via settings

TO DON'T - PROJECTS
- ☐ ....
- ☐ ....
- ☐ ....
- ☐ ....
- ☐ .... Delete

DONE - LIST

•••

different projects

+
- Work ≡
- ~~Desk~~ HOME ≡

DO LIST:

(I)

(✓→) (←X)

(DONE) (DON'T)

TO DON'T LIST

O aplicativo ToDon'tList

Como mencionei anteriormente (página 25), um amigo programador e eu fizemos o aplicativo ToDon'tList, que ajuda a fazer escolhas e acompanhar objetivos. Nós o criamos de acordo com o método da Lista Do Que Não Fazer antes mesmo de chamá-lo de método.

A criação da Lista Do Que Não Fazer tornou-se um termo familiar no estúdio quando administrei uma empresa de mídia social com um amigo. Era algo que costumávamos dizer: "Boa ideia, mas vamos apenas deixá-la na Lista Do Que Não Fazer por enquanto". A própria ideia de criar um aplicativo da Lista Do Que Não Fazer também passou algum tempo na Lista Do Que Não Fazer.

Quer dizer, até eu conhecer Frank, com quem colaborei em um aplicativo totalmente diferente na época. Frank estava animado e disse que se eu pudesse manter o aplicativo o mais simples possível, ele estaria disposto a programá-lo – um ótimo exemplo de colaboração entre duas pessoas de áreas diferentes, mas com a mesma paixão por um projeto.

Para manter o aplicativo simples, criamos as seguintes restrições:

→ Não mais do que uma lista

Uma lista impede que as pessoas criem pilhas de listas novamente, que deixarão de gerenciar, porque custa muito tempo. Os usuários podem escolher em que nível desejam usar a lista. Frank usa o aplicativo para programação. Eu uso para organizar minhas ideias para novos projetos.

→ Nenhum sub-recurso extra

O aplicativo é apenas uma lista. Você não pode adicionar etiquetas aos seus itens, não pode compartilhar nada e não pode postar em redes sociais. O aplicativo tem um botão: para adicionar algo na sua Lista Do Que Não Fazer. De lá, você decide se move este novo item para sua Lista Do Que Fazer.

→ Apenas preto, branco e uma cor de destaque

Sem cores extras. Preto, branco e uma cor de destaque são o suficiente para moldar o aplicativo. Isso também se aplica ao design deste livro. Uma regra que vale para mim como tipógrafo é que geralmente só trabalho com fontes de designers que conheço pessoalmente. Neste caso, são a Nitti Grotesk, de Pieter van Rosmalen, e a Mala, de Barbara Bigosińska.

#Lista Do Que Não Fazer

Conclusão

Referências

Eu não pensei em tudo deste livro sozinho. Minhas ideias evoluíram de outras ideias, todas elas eu considero de conhecimento aberto. Portanto, sinta-se à vontade para usá-las também.

Eu me inspirei em outras pessoas criativas com as quais colaborei. Em professores e mentores. Em conferências. Em documentários. Eu os encontrei em livros ou postagens de blogs que li recentemente ou há muito tempo. Eu até li o termo Lista Do Que Não Fazer uma vez em um blog. Infelizmente, nunca consegui encontrar essa postagem no blog novamente. Muitas das citações foram encontradas na internet. Isso também significa que não posso ter certeza absoluta de que elas realmente vieram das pessoas a quem são credenciadas – o que não nega seu valor intrínseco.

Sempre que possível, referenciei as fontes diretamente no texto. Como fazer uma investigação completa da fonte de cada detalhe seria uma tarefa extremamente trabalhosa, eu coloquei isso na minha Lista Do Que Não Fazer por enquanto. Se houver uma fonte ou referência que na sua opinião não tenha sido mencionada (corretamente), eu adoraria ouvir de você. A fonte será então incluída na próxima edição.

Palavras de agradecimento

Claro, eu não escrevi este livro completamente sozinho, também. Meu irmão Benz Roos foi o primeiro a olhar o rascunho e me ajudou a separar o que fazia sentido do que era absurdo.

Minha esposa Anne de Bruijn fez um ótimo trabalho editando/coescrevendo o livro inteiro, transformando-o em uma história legível. Além disso, ela garantiu que durante o processo de escrita eu continuasse voltando ao essencial: nosso lindo filho Oswald, que nasceu durante a produção deste livro. Aos três meses, Oswald me ensinou que a multitarefa realmente não funciona: "Ou você fica com o computador no colo ou eu, não nós dois".

Frank van der Peet escreveu todas as linhas de código para o aplicativo ToDon'tList. Além disso, ele fez contribuições certeiras para o conceito. Sempre que tinha uma ideia nova, sua resposta padrão era: "Ótima ideia, mas não se encaixa nos princípios da Lista Do Que Não Fazer."

Finalmente, agradeço a Peter Heykamp, que me encorajou a colocar todas as minhas ideias sobre gestão do tempo em um livro. Ele me apresentou às pessoas maravilhosas da BIS Publishers. Peter sempre me deu um puxão de orelha, cumprindo seu papel de diretor de arte e ombro amigo. E cada vez que eu colocava o projeto da Lista Do Que Não Fazer em minha própria Lista Do Que Não Fazer porque estava muito ocupado com outras coisas, ele garantiu que eu colocasse o projeto na minha Lista Do Que Fazer novamente.

Obrigado a todos por seu tempo!
Donald

Créditos da edição original
Escrito, desenhado e ilustrado* por Donald Roos
CoEscrito e Editado por Anne de Bruijn
Direção de arte de Peter Heykamp
Desenvolvimento de aplicativos por Frank van der Peet

Ilustrações diretamente dos cadernos de desenhos de Donald.
* Donald publica novos esboços no Instagram e Twitter regularmente.
Siga @Bureaudonald

→ Alguma sugestão, pergunta ou pedido de workshop? Por favor, envie um e-mail com 5 frases para donald@todontlist.net

Nosso propósito é transformar a vida das pessoas por meio de histórias. Em 2015, nós criamos o programa compre 1 doe 1. Cada vez que você compra um livro na loja virtual da Belas Letras, você está ajudando a mudar o Brasil, doando um outro livro por meio da sua compra. Queremos que até 2020 esses livros cheguem a todos os 5.570 municípios brasileiros.

Conheça o projeto e se junte a essa causa:
www.belasletras.com.br

Este livro foi composto em malla e nitti grotesk e impresso em papel offset 90 g pela gráfica Copiart em maio de 2019.